世界五千年
科技故事丛书
卢嘉锡题

《世界五千年科技故事丛书》
编审委员会

丛书顾问　钱临照　卢嘉锡　席泽宗　路甬祥
主　　编　管成学　赵骥民
副 主 编　何绍庚　汪广仁　许国良　刘保垣
编　　委　王渝生　卢家明　李彦君　李方正　杨效雷

世界五千年科技故事丛书

镭的母亲
居里夫人的故事

丛书主编　管成学　赵骥民
编著　于金昌

吉林出版集团｜吉林科学技术出版社

图书在版编目（CIP）数据

镭的母亲：居里夫人的故事 / 管成学，赵骥民主编. -- 长春：吉林科学技术出版社，2012.10（2022.1重印）
ISBN 978-7-5384-6114-5

Ⅰ.①镭… Ⅱ.①管… ②赵… Ⅲ.①居里夫人，M.（1867～1934）－生平事迹－通俗读物 Ⅳ.①K835.656.13-49

中国版本图书馆CIP数据核字（2012）第156271号

镭的母亲：居里夫人的故事

主　　编	管成学　赵骥民
出 版 人	宛　霞
选题策划	张瑛琳
责任编辑	万田继
封面设计	新华智品
制　　版	长春美印图文设计有限公司
开　　本	640mm×960mm　1 / 16
字　　数	100千字
印　　张	7.5
版　　次	2012年10月第1版
印　　次	2022年1月第4次印刷
出　　版	吉林出版集团 吉林科学技术出版社
发　　行	吉林科学技术出版社
地　　址	长春市净月区福祉大路5788号
邮　　编	130118
发行部电话 / 传真	0431-81629529　81629530　81629531 81629532　81629533　81629534
储运部电话	0431-86059116
编辑部电话	0431-81629518
网　　址	www.jlstp.net
印　　刷	北京一鑫印务有限责任公司
书　　号	ISBN 978-7-5384-6114-5
定　　价	33.00元

如有印装质量问题可寄出版社调换
版权所有　翻印必究　举报电话：0431-81629508

序　言

十一届全国人大副委员长、中国科学院前院长、两院院士

[签名]

　　放眼21世纪，科学技术将以无法想象的速度迅猛发展，知识经济将全面崛起，国际竞争与合作将出现前所未有的激烈和广泛局面。在严峻的挑战面前，中华民族靠什么屹立于世界民族之林？靠人才，靠德、智、体、能、美全面发展的一代新人。今天的中小学生届时将要肩负起民族强盛的历史使命。为此，我们的知识界、出版界都应责无旁贷地多为他们提供丰富的精神养料。现在，一套大型的向广大青少年传播世界科学技术史知识的科普读物《世

序 言

界五千年科技故事丛书》出版面世了。

由中国科学院自然科学研究所、清华大学科技史暨古文献研究所、中国中医研究院医史文献研究所和温州师范学院、吉林省科普作家协会的同志们共同撰写的这套丛书，以世界五千年科学技术史为经，以各时代杰出的科技精英的科技创新活动作纬，勾画了世界科技发展的生动图景。作者着力于科学性与可读性相结合，思想性与趣味性相结合，历史性与时代性相结合，通过故事来讲述科学发现的真实历史条件和科学工作的艰苦性。本书中介绍了科学家们独立思考、敢于怀疑、勇于创新、百折不挠、求真务实的科学精神和他们在工作生活中宝贵的协作、友爱、宽容的人文精神。使青少年读者从科学家的故事中感受科学大师们的智慧、科学的思维方法和实验方法，受到有益的思想启迪。从有关人类重大科技活动的故事中，引起对人类社会发展重大问题的密切关注，全面地理解科学，树立正确的科学观，在知识经济时代理智地对待科学、对待社会、对待人生。阅读这套丛书是对课本的很好补充，是进行素质教育的理想读物。

读史使人明智。在历史的长河中，中华民族曾经创造了灿烂的科技文明，明代以前我国的科技一直处于世界领

序 言

先地位，涌现出张衡、张仲景、祖冲之、僧一行、沈括、郭守敬、李时珍、徐光启、宋应星这样一批具有世界影响的科学家，而在近现代，中国具有世界级影响的科学家并不多，与我们这个有着13亿人口的泱泱大国并不相称，与世界先进科技水平相比较，在总体上我国的科技水平还存在着较大差距。当今世界各国都把科学技术视为推动社会发展的巨大动力，把培养科技创新人才当做提高创新能力的战略方针。我国也不失时机地确立了科技兴国战略，确立了全面实施素质教育，提高全民素质，培养适应21世纪需要的创新人才的战略决策。党的十六大又提出要形成全民学习、终身学习的学习型社会，形成比较完善的科技和文化创新体系。要全面建设小康社会，加快推进社会主义现代化建设，我们需要一代具有创新精神的人才，需要更多更伟大的科学家和工程技术人才。我真诚地希望这套丛书能激发青少年爱祖国、爱科学的热情，树立起献身科技事业的信念，努力拼搏，勇攀高峰，争当新世纪的优秀科技创新人才。

目 录

聪明的玛妮雅/011
最悲痛的日子/014
刻骨铭心的仇恨/019
是她成全了布罗妮雅/023
乡村女教师/028
梅花香自苦寒来/035
偿还奖学金/043
科学搭鹊桥/047
打破常规的婚礼/054
惊人的发现/059
镭之光来之不易/067
"调皮的孩子"会治癌/074
我觉得不能借此求利/078

目录

不被荣誉和金钱所颠倒/083

她有一颗赤子心/087

这不只是一个胜利/094

她最需要的东西是什么/100

科学巨星陨落/107

在人们的中永远光芒四射/115

聪明的玛妮雅

"妈妈,你又在给我缝衣服吗?"眼睛又大又圆的小玛妮雅坐在小板凳上,依偎在妈妈的膝头问着。"是呀,这衣服不缝就不能再穿了!瞧,眼看就要缝好了。"妈妈用细长而纤弱的手缝着一件带小花的连衣裙。这个家庭,一共有5个孩子。此时,大孩子佐西雅才12岁。下边依次是约瑟、布罗妮雅、海拉、玛妮雅。最小的玛妮雅才5岁半。

这些活蹦乱跳的孩子们,每天都在外边跑,什么捉迷藏、老鹰捉小鸡,玩得特别开心,可常常把衣服扯破、刮坏。

这些孩子穿的衣服、鞋，都得靠妈妈亲手来做，妈妈布罗妮斯洛娃·柏古斯卡·斯可罗多夫斯卡受过良好的教育，曾任女子寄宿学校校长。由于家中人口的较多，特别是在沙皇统治下的知识分子受到歧视，收入低微，全家的生活相当清贫。

爸爸乌拉狄斯拉夫·斯可罗多夫斯基曾在俄国圣彼得堡大学深造，后来在华沙一所中学教数学和物理，是一位富有爱国心的教员。

1867年11月7日，玛妮雅诞生于波兰首都——华沙。

玛妮雅出生时，波兰正处于沙俄的蹂躏之下。侵略者实行奴化教育，对波兰人办的私立学校也派警察去监视。沙皇规定所有学校必须用俄文讲课，禁止使用波兰文。他们下令查禁了许多书籍，特别是那些关于波兰英雄、波兰历史或波兰文学方面的书籍。倘若教师被发现阅读这类书籍或讲授这些课程，就会被关进监狱。谁要稍有反抗，轻者被流放到俄国西伯利亚去服苦役，重者立即处死。玛妮雅的童年就是在这种境遇中度过的。

然而，玛妮雅的父母教育孩子们要十分珍视知识，让他们懂得压迫者是无法从人们头脑中把知识夺走的。在父母的熏陶下，玛妮雅从小就酷爱学习。

玛丽·斯克罗多夫斯卡雅是她的本名，可是，人们都习惯地叫她玛妮雅。

小玛妮雅出生后不久，她的父亲就担任了公立男子中学校的教师，并兼任副督学官的职务。因此，全家就从普瑞达街搬到奥立著基街的中学住宅来。此后，小玛妮雅就在这个住宅长大。

小玛妮雅逐渐长到可以称心如意地读书的年龄了，她终于上学了。现在，她可以和哥哥、姐姐们一起坐在写字台前做作业了，再也没有人不让她看书了。

看见书，就像饥饿的人看见了面包，立刻会如饥似渴地读起来。这个聪明的孩子，书，只要看上一遍就记住了。因此，玛妮雅的那个小脑袋里，已经装进了很多很多的知识。

尽管学校里不准教波兰语，一律得用俄语授课。但是，那些热爱祖国的教师们，还是偷偷地把波兰历史和波兰文学教给孩子们。当然，是用自己祖国的语言——波兰语来讲。

然而，这种做法无论是对教师，还是对学生们，都是一件十分危险的事情。这是因为那些俄国官员经常不事先通知就来学校进行检查。他们来检查教师是不是用俄语讲课，是不是教俄国的历史。

最悲痛的日子

在玛妮雅看来,读书是最幸福的。因为在读书的时候,什么俄国人占领下的波兰也好,那些作威作福的官员也好,还有为工作累得筋疲力尽的爸爸憔悴的面孔也好,都可以统统忘掉。

无论是课本,还是诗集、探险故事,甚至父亲的物理、数学书籍,凡是书,玛妮雅都拿过来看。书的世界随时都在吸引着玛妮雅,而玛妮雅的灵魂也总是在书的世界里遨游。

可是,一旦离开了书的奇妙世界,现实生活的伤心事就又使她忧虑。最使人不安的就是妈妈的病。多年来,病魔一直纠缠着妈妈，而为了抚养子女，照料家庭，她却一直在辛勤地劳动着。

然而，不管玛妮雅怎样热爱自己的妈妈，妈妈的生命，已经危在旦夕了。土黄色的脸，瘦弱的身体，看上去是越来越干了。尽管这样，卧在床上的妈妈，为了不让大家担心，总还是装着快活的样子。

大家所害怕的日子终于到来了。妈妈就要丢下幼小而可爱的孩子，到另一个世界去了，她是多么的舍不得离开呀！尤其是这个可爱的小姑娘玛妮雅，才刚10岁啊！

尽管这样，母亲却十分安详、镇静，没有一句叫苦或者悲伤的话。她凝视着每一个亲人——丈夫和孩子们，向他们告别。妈妈那种眼神也好像在说："请原谅我，我自己先老了！"接着，她用微微颤抖的手，十分缓慢地划着十字祈祷，祝大家幸福。

"妈妈……"

大家悲痛万分，泣不成声了。

妈妈安详地点着头，嘴唇微动着，似自言自语地说：

"我是多么喜欢你们哪……"

这是妈妈最后的话。美丽的灵魂，就这样从容不迫地走了，永远地走了！

最大的姐姐佐西雅死去还不到两年，又失去了最亲爱的妈妈。玛妮雅姐妹们的极度悲伤，是难以形容的。话又说回来了，不管怎样悲伤痛苦，活着的人还是要生活下去。

直到昨天，妈妈还在床上为孩子们指点这个，嘱咐那个。可是，这一切，现在都得由爸爸来做了。但爸爸毕竟是有工作的，他照料不到那些细微的生活琐事。虽然雇了一个家庭女佣人，但孩子们还是等于没人照管。即使这样，玛妮雅也没有说过一句抱怨的话。当然，别的孩子也都在艰难的生活里刻苦地学习着。这一家兄弟姐妹都是学校里的优秀学生。

妈妈去世后，培养孩子们成长成了爸爸的唯一乐趣，他把业余的时间全部用在孩子们身上。就这样，又度过了几个艰苦的年头。

布罗妮雅以优异的成绩从公立女子学校毕业了，得了优秀学生奖——金质奖章。

从那以后，她一直在家里照料父兄和妹妹们。布罗妮雅把她那美丽的金发像大人似的扎起来，穿着一件下摆很长的衣服，无论怎么看，她都很像一个十分能干的成年家庭主妇了。

虽然如此，布罗妮雅对现实生活并不满足。以优异成绩获得金质奖章的她，原来的愿望是毕业后到巴黎大学去学医，将来到没有医生的乡下去为广大贫苦的老百姓治病。

这个理想，究竟什么时候才能实现呢？布罗妮雅从没有诉说过自己的不幸。她总是代替母亲妥善地照料着大家。

"姐姐啊，我的衣服是不是熨一下再穿？今天是练习跳舞的日子呢。"

一向喜欢热闹的海拉，忽然像想到什么似的说。

"啊，可以。"

"哥哥，今天请你一定伴我跳啊，可不要忘记了！"

海拉对约瑟这样叮嘱着。

16岁的海拉，在姐妹中是一个最漂亮的人。她苗条的身材，白嫩的脸，实在叫人喜欢。她的舞跳得也很好。每周家里都举行一次舞会。在舞会上，很多青年都请海拉做舞伴。

玛妮雅对此有一点点羡慕。但不满14岁的玛妮雅，还不能参加舞会。

"海拉的服装真漂亮，简直美极了。"

玛妮雅顺口说了这么一句。她高兴海拉有这样一件漂亮的衣服。

"你懂什么，小毛丫头！"

海拉用手指头点了一下玛妮雅的额头，就离开了座位。玛妮雅也跟着站了起来。厨房里早就准备好了两个饭盒。她们俩把饭盒分别装进了自己的书包。玛妮雅最先走出了家门，因为她的学校在郊外。她每天都在半路上找小伙伴卡佳一起上学。海拉在西格尔斯卡寄宿学校上学。其实，一开始玛妮雅也和她在同一个学校里念书，后来才转到了公立女子学校。因为不在公立学校念书，就不可能得到正式的毕业证书。

玛妮雅走得很快，她走近卡佳的家就看见了卡佳已经在门外等着她了。卡佳的母亲也在旁边，亲切地对她说：

"玛妮雅，放了学就到这里来吧，我给你们做好东西吃。"

卡佳的妈妈对失去母亲的玛妮雅很可怜，所以，像对卡佳一样疼爱她，如果有什么好吃的东西时，总叫她来一起吃。

"谢谢，大娘！我走了。"

刻骨铭心的仇恨

玛妮雅和卡佳两个人手挽着手,咚咚咚地快步走着。她们边走边交谈。她们谈论的就是学校和老师们的事情……

这所公立学校里,从俄国来的教师很多。他们都想在学校推行俄罗斯的教育。她俩对这一点很看不惯。尤其是那个学生总监马耶夫,更是她俩最厌恶的人。总监也对她们俩,特别是对一点也不驯服的玛妮雅很不满意,把她看做眼中钉,经常申斥她。

当然,也有几位他们尊敬的老师,如教数学年轻美男子格拉斯先生,教自然科学的斯罗萨尔基先生,他们都是波兰人，是自己的同胞。

谈到这些老师时，不论玛妮雅，还是卡佳，都怀着少女们美好的憧憬，露出愉快的笑容。她们俩一边闲谈，一边出了公园，走近了空置的门前。当她们穿过广场的时候，玛妮雅突然喊起来。

"哎呀，忘了，走近了纪念碑！"

"啊，忘了！一定得返回去。"

两人又急忙返回到广场中间的纪念碑前，于是就撅起可爱的小嘴，"呸！呸！"把唾沫吐到纪念碑上。吐完就兴致勃勃地奔向学校。被两个少女吐唾沫的纪念碑上，刻着"向忠实于祖国的波兰人致敬"的字样。这是俄国沙皇给那伙叛变祖国波兰而为俄罗斯卖命的波兰人立的碑。对热爱祖国的波兰人说来，这个碑，就是憎恶的目标。所以每当人们通过那里，就要把唾沫吐到那里。这两个热爱祖国的少女，倘若把吐唾沫的事忘掉，就一定要返回来，履行这个神圣的义务。然后，这两个可爱的小爱国者，一下子又回到天真无邪的交谈中来了。

"卡佳，今天晚上我家举行舞会，你来看看吧！"

"嗯，我一定去。"

卡佳接着以羡慕的口气说：

"可是……我们到什么时候才能和他们一起跳呢？总是靠墙坐着看热闹，没有意思。"

这时，玛妮雅突然尖声地叫了起来：

"卡佳，你看！那不是库妮茨卡吗？"

不错，那确是她们的好朋友库妮茨卡。她本是一个从来不知忧患的女孩子，现在却衣冠不整，哭肿了眼睛，向这边慢慢走来。

"怎么了，库妮茨卡？"

两个人跑到了库妮茨卡跟前询问着。

库妮茨卡看了一下周围，用微弱的声音，断断续续地说着：

"我哥哥……他参加了一个密谋推翻沙俄统治的组织……已经判了死刑……"她哭得几乎噎住了，十分悲伤地又加上一句："明天一早就要绞死他。"

玛妮雅和卡佳的脸色一下变青了。对于在自由和平的祖国里成长起来的少女们来说，这简直是一件不可想象的事情。亲密好友库妮茨卡的哥哥为什么被判处死刑呢？他不偷不抢，也不杀人放火。他只是希望自己的祖国，重新回到祖国人民的手里。可是，就是为了这个，他就要失掉自己的生命了。这是多么可怕的事情啊！玛妮雅和卡佳想安慰库妮茨卡，却不知道从何说起。这时候，突然传来马耶夫严厉的喊声：

"喂！你们还在那里干什么呢？不要闲谈了，赶快进教室！"

姑娘们立即停止谈话，脸色异常苍白地向教室走去。

当天晚上，玛妮雅家里的跳舞练习会暂停了。布罗妮雅、海拉和玛妮雅一起向库妮茨卡家走去。卡佳也带着妹妹乌拉来了。五个姑娘围着库妮茨卡，整夜没有睡觉，直到黎明。

她们的仇恨和眼泪，都掺杂在一起。她们尽力压低声音、温柔亲切地多方照料那个悲苦得不断抽泣着的朋友，擦她那哭肿了的眼睛，劝她勉强喝一口热茶。

不管少女们怎样的气愤和伤心，库妮茨卡的哥哥已经是救不回来了。

天大亮了，库妮茨卡的房间射进了一线白光。异常暗淡的晨气，照着她们苍白的脸。最后的时刻到了，她们不约而同地跪下来为哥哥的壮烈牺牲作最后的祈祷，都用双手掩住她们无限惊恐的脸。祈祷声停下来之后，从库妮茨卡的房间传出了哭声。哭声一直持续了很久，很久……

这件事更加深了玛妮雅对统治者刻骨铭心的仇恨。

是她成全了布罗妮雅

1883年6月12日。玛妮雅从女子学校毕业了。跟约瑟·布罗妮雅一样,她也获得了优秀的金质奖章。

"玛妮雅,祝贺你取得这样的好成绩!"

父亲微笑着,慈爱地吻着自己的小姑娘。

中学毕业后,玛妮雅的父亲答应给她整整一年的假期。一年的假期可是一件丰厚的礼物!父亲认为,玛妮雅学习一直都很勤奋,再说,她修完课程所花的时间比其他女孩子要短,她应该快快活活地等着,让跟她同年龄的女孩子赶上来,这才算公平。

经过一年的休息,玛妮雅决定去上大学。然而,当时的波兰，沦于俄国沙皇统治之下，封建殖民地色彩极其浓厚。当时竟有这样的规定：女子读书，只能读到中学毕业为止，大学一律不招女生。要上大学，只有到外国去，例如到法国。出国求学，对于这个平民家庭来说，谈何容易！她不仅想到自己，还想到了布罗妮雅。布罗妮雅准备去法国学医。姐妹俩决定效仿父亲，去给孩子们上课挣钱。她用在学校获得的优等生奖状来毛遂自荐。通过登广告的办法，玛妮雅找到了几个学生。这些学生大部分都是富家子弟，玛妮雅不得不走很远，到学生家去上课。不管日晒雨淋，每天都得跑遍全城，去教着那些懒惰娇惯的孩子们。这真是一件苦差事。而且，每月的工薪又低得可怜。

虽然如此，玛妮雅还是拼命地工作着。玛妮雅有个理想，攒了钱以后，就到巴黎索尔本大学学习。

约瑟眼看就要从华沙大学医疗学毕业，不久就要当医生了。

美丽的海拉，正为将来成为一个声乐家而努力学习着。

只有玛妮雅和布罗妮雅，盼望着到遥远的巴黎去。

她们两人经常谈论着共同的梦想。然而，攒钱却不像她们想象的那么快。

布罗妮雅今天又在食堂的桌子角上,把一张纸片写满了数字。她像是在思考着什么。

"啊,怎么计算,还是不够!究竟什么时候才能攒够去巴黎的钱呢,真难啊!"

布罗妮雅深深地叹了一口气,愁闷地说。

布罗妮雅已满20岁。她从女子学校毕业以后,4年来一直在家里操持家务,如今已经是斯克罗多夫斯基家不可缺少的女主人了。虽然从学校毕业好几年了,可是,布罗妮雅对于求学的念头,不但没有消失,反而更加强烈。她很早就向往进巴黎索尔本大学学医。为了这个目的,她一直在一点一点地攒着钱。可是,这里离巴黎路途遥远,去留学得有很多的钱才行。可是怎么也积攒不到那么多。

"我,也许就这样,非当一辈子家庭主妇不可了!"

布罗妮雅不知有多少次为此而长吁短叹。

"姐姐!"随着爽朗的声音,玛妮雅蹦跳着进来了。她那蔷薇色的两颊泛着红色,看上去真是活泼可爱极了。

"姐姐,我想出一个好办法来了!"

"什么好办法?"

玛妮雅十分小心婉转地说:

"亲爱的布罗妮雅，你自己储蓄的那笔款子能够你在巴黎住上多长时间？"

"够我的旅费和大学一年的生活费，可是医科要学习5年呢。"布罗妮雅已经算计多少次了，所以很快就回答她了。

"是的，不过像我们这样一小时只挣上半个卢布，又能解决多少问题呢？"

"那你说怎么办？"

"唔，咱们俩要是各管各的，那就谁也成不了事。按照我的计划办，你秋天就可以坐火车走了。"

"玛妮雅，你疯了！"

"不，开始你可以用自己的钱，往后我设法给你寄些钱去，父亲也会寄给你的。同时，我还可以为自己攒些钱，等你当上了医生，那就轮到我上大学了，到时候你可以帮助我。"

布罗妮雅的眼睛里充满了泪水。因为她懂得这个建议对玛妮雅来说意味着什么，但是她认为这道"算术题"有点怪。"你怎么能一面养活自己，一面又帮助我，而且还能攒些钱呢？"

"哦，这正是我要解决的。我打算到一户供给我食宿而不用花钱的人家去当家庭教师！这不是十全十美吗？"

"玛妮雅！"布罗妮雅不由得紧紧抱住妹妹的肩膀。"谢谢！你是个善良的好妹妹！不过，你为什么叫我先去呢？"

"怎么啦，傻姐姐？你一直在家里做活，耽误了那么长的时间。你都20岁了，可我才17岁呀！年纪大的必须先走。等你当了医生，生活宽裕些了再援助我！我的主意已经拿定了，就这么办吧。"

布罗妮雅握住妹妹的手，眼睛直视着远方，好像在梦中一样，她憧憬着美好的未来，庆幸有这样一个先人后己的好妹妹。

乡村女教师

1885年9月的一个早晨,玛妮雅在一个家庭女教师介绍所的过道里等候着,穿着一身她认为跟一个家庭女教师的身份很相称的衣服,已经长得很长的头发梳得整整齐齐的,上面戴一顶褪了色的帽子。穿戴文雅整洁。

等了一段时间,她怀着紧张的心情朝那个坐在办公室后面的女子走过去,手里紧紧地握着她的毕业文凭和一些证明文件。那位女士仔细地看了她的证明文件,然后,突然抬起头望着她,问道:

"你说你懂得德语、俄语、法语、波兰语以及英语,这是真的?"

"真的。"玛妮雅回答她。"不过,我的英语稍差一点儿。但是我仍然可以使我的学生达到规定考试所要求的水平。我在中学获得过金质奖章。"

"哦,你要什么样的待遇?"

"一年400卢布,并且提供食宿。"

"好吧,一有机会,我会通知你。"

听她答应介绍,玛妮雅满怀希望地离开了介绍所。

过了不久,玛妮雅真的当上了家庭教师。这家给玛妮雅打开一扇小门,正如玛妮雅所说,进去之后,她看到的是一个小小的地狱。这家人待她冷若冰霜。还不许她随意走动。家人大肆挥霍钱财,却一连6个月不给玛妮雅工资,而且为了节省灯油,还不准她晚上点灯看书。从这些人身上玛妮雅看出,小说中所写的人物都是真实的,一个人不与被财富败坏了品德的人交往是聪明的。也许正是她18岁时的这些见识,使她日后在任何可以使她发财致富的机遇面前,没有财迷心窍!

但玛妮雅的计划落空了,由于这家是在城里,她发现自己住在那儿每天都要花钱,这样就攒不下多少钱了。为了供养姐姐念书,她决定彻底离开家,到远离城市的穷乡僻壤去工作,在那种地方,她可以一分钱都不花。布罗妮雅现在已经在巴黎了，只有这样才能按原定的计划接济她。

玛妮雅想找的工作终于找到了，工作的地方还在乡村，待遇稍好一些，是每年500卢布。

她动身到乡下去的时间正好是一月份，波兰的一月，雪下得厚厚的，一连几个月都不融化。当火车缓缓地驶出车站的时候，她恋恋不舍地告别了正向她挥手的慈爱的父亲。一生中，她第一次感到孤独。在一个遥远的村庄，你想找一个熟悉的人也没有，新雇主家的那些人，说不定也跟前一个雇主家同样的刻薄。父亲老了，也许会病倒的。她离开了他，这应该吗？在暮色中，白雪皑皑的原野在车旁飞快地移动着，但是这一切早叫玛妮雅眼里的泪水给模糊了。

坐了3个小时的火车，有一部雪橇来接她。她坐在雪橇上，裹在毛皮毯子里，被雪橇飞快地带进雪原中去了。一路上，只有雪橇的"叮当"铃声打破了寂静。

在寒风刺骨的雪橇里又坐了4个小时。玛妮雅又冻又饿，怀疑拉雪橇的马儿还能不能停下来。接着，出现了一片灯光，这便是她的目的地——斯茨楚基。雪橇在一扇敞开着的门前停下来。顾主先生全家人都出来欢迎她，高个子男主人和妻子站在门前，几个牵着母亲的裙角的孩子，眼睛里充满了好奇的神情，同时又显得十分羞怯。女主人用热烈的、亲切的话语来欢迎她，请她喝滚热的茶，亲自把她带到她的房间去，然后让她单独留在那儿好好休息。

玛妮雅来到了穷乡僻壤，她下意识地朝房间的四处看看，发现墙壁粉刷过，陈设十分简朴，在一块凹进去的地方安置着一只火炉，炉火正旺。

第二天早晨，玛妮雅拉开窗帘，希望能观赏一下披着银装的田野和被白雪压弯了树枝的森林。令人失望的是，映入眼帘的却是冒着严重黑烟的工厂的烟囱。再往远眺望，依然是一座座吐着滚滚浓烟的烟囱。原来，这里是种植甜菜的地区，展现在眼前的是一望无际的甜菜地。农民们犁地、播种、收割，这一切全是为了甜菜疙瘩。那些工厂就是用甜菜疙瘩做糖的制糖厂。这个村庄是由许多制糖工人的草房组成的，它们都是紧挨着工厂的围墙搭起来的。她的新雇主夫妇俩是专门指导种甜菜的。

这些工厂叫玛妮雅很扫兴。就见识和生活的情趣来说，雇主的长女布朗卡应该算是一颗少有的明珠。玛妮雅专门教的是10岁的安琪娅，她是个好动的乡下小姑娘，每逢有客人来访，她就撇下功课跑掉了。玛妮雅每天应该教她4个小时，但是她老是跑掉，然后抓回来，又从头开始，因此学习进步不快。

在乡村泥泞的小道上，玛妮雅常常碰见村上的一些孩子，他们衣裳褴褛，身上很脏。他们明亮的眼睛在乱草似的头发底下注视着她。"这些孩子是波兰人吗？"她心里想。"我曾经发过誓要爱自己的祖国与同胞，我能不为他们出点力吗？"这些穷苦的孩子，不是什么也没学过，就是光知道几个俄文字母。玛妮雅想，要是为他们办一所秘密的波兰学校，一定很有意义。

布朗卡听到这个主意后很高兴，还表示愿意做玛妮雅的助手。

"不过，布朗卡，要注意点！这地方虽然不像华沙控制的那样严，但是，一旦被俄国人发现，我们就得被他们关进监狱！"

"嗯，我知道。"

布朗卡闪动着水汪汪的大眼睛。

"躲着他们好好干一番吧，孩子们一定会高兴的。"

"那么，我就去跟父亲商量商量，他一定会同意的。"

"谢谢，布朗卡！"

两个姑娘紧紧地拉着手，互相点着头。这两个孩子在得到顾主的许可后，便办起了这个秘密学校。

幸运得很，室外有座楼梯通向玛妮雅的房间。18个个子矮小、外表邋遢的男女孩子开始踏上这座楼梯。他们是农民、糖厂工人的子女。他们常常不大专心，也不大聪明，但是大体上说，他们明亮的眼睛都流露出对学习的激动和渴望神情。

1886年12月，玛妮雅在给她表姐的信上说：

"我的农民学生的数目，现在到了18个，当然他们不能一块来，因为我应付不了，可是就这样，我每天也要花去两个小时。星期三和星期六，我同他们在一起的时间比较长，连续有5小时，当然这只是因为我的住房在楼上，楼梯只有一个门通到院子，我才能够这么办……我从这些孩子那里得到极大的愉快，得到极大的安慰……"

玛妮雅在教课的同时，也抓紧时间读自己的书。因为儿童时期父亲经常给她朗读诗和小说，所以玛妮雅对文学也很感兴趣。但是，在这样的乡村，是不可能进行各个方面的学习的。同时，也没有那么多的时间。

"我应该学习什么呢？"

玛妮雅想来想去，最后选定数学、物理和社会学。物理学方面的书籍，是从工厂图书馆里借来的。数学有不明白的地方，就写信请教父亲。

玛妮雅自己可以支配的时间，只是在夜晚9点以后。在那之前，是没有空闲时间的。每晚到了9点，她不论多么疲劳，也坚持读书。因为只读一种书，容易疲倦，她就把各种书交替着读。比如看社会学的书时，如果感到疲劳，就马上改学数学。因为做数学题不是随随便便就可以做好的，它需要集中思考，头脑清醒。看完数学，又重新拿出社会学的书籍进行研读。这样，玛妮雅的房间，经常到深夜还亮着灯光。

梅花香自苦寒来

1891年11月3日,索尔本大学开学以来,人们每天在走廊上、教室里总会看见一位衣着朴素,神态沉静庄重,有着苗条而丰满的身材,饱含着智慧之光的深邃明澈的双眼,白嫩细腻而焕发着青春光彩的面容,金栗色的、浓密的头发的女学生,她就是玛妮雅。由于她法文拼写的名字是"玛丽",人们便从此称她为玛丽。在开始几周内,她遇到了一些没有料到的困难。但是,她毫不畏缩,决心尽快赶上。

刚到巴黎时,她和姐姐布罗妮雅以及姐夫德拉斯基住在一起。布罗妮娅善于把事情安排得井井有条,舒舒服服。她在巴黎郊外租了一套房子，因为这里房租便宜些，又用借来的钱把房子布置了一番，漂亮的窗帘，雅致的家具，还有钢琴、花瓶，花瓶里还插着艳丽芬芳的鲜花。这一切使人感到温馨。在小厨房里，布罗妮娅烹调着美味佳肴，用特地从波兰寄来的茶叶沏茶，因为她觉得有些东西，巴黎是不出产的。

在她住的这个地区，住的差不多都是屠户，像生活在中世纪一样。德拉斯基医生的病人几乎都是屠夫，他在小小的书房里接待他们。书房在一天当中有一部分时间归玛丽使用，另一部分时间就成了布罗妮雅的诊疗室。她在书房里给那些抱着婴儿的屠夫们的妻子看病。夜晚，两位医生完全把工作放在一边，极力动员刚来巴黎的妹妹去博览会走走。如果手头宽裕，他们就买上便宜的票带她上剧院。如果手头拮据，她们就围在自己家里的钢琴边，或举行茶会招待流亡的波兰朋友们。他们在油灯、茶桌的周围谈心，欢笑。茶盘里盛着布罗妮雅自己做的点心。

在这里居住，有许多好处，一是吃住费用都由姐姐供给，自己在经济上困难小些；二是一个年轻女子，离开了故乡和祖国，举目无亲，与姐姐住在一起既安全又亲切；三是可以使远在华沙的老父亲放心。但是，住了一段时间之后，她发现有许多不能读书的因素，姐姐、姐夫是医生，常有病人来就诊，影响她读书；离学校较远，路上往返，浪费时间；姐夫常来找她聊天，耽误了许多时间；离图书馆太远，借书不方便。考虑到这些，她毅然决定搬家。她想住到学校附近，既可节省车费，又可节约坐车的时间。

在姐夫和姐姐的陪同下，她伤感地离开姐姐家的舒适生活和友爱相处的环境，出门寻找她自己学习的地方，找一个极其僻静的处所。

玛丽既然自动放弃了姐姐家供给她的食宿，就不得不自己支付所有的费用。用她那一个卢布一个卢布积存起来的少量的钱，还有父亲从微薄的退休金中挤出来的几个钱，再加上姐姐布罗妮雅尽力提供的极为有限的钱，来支付每个月40卢布的开销。

在1892年，一个异国女子怎么能一个月只用40卢布，在巴黎过不太难堪的生活呢？她必须付自己的衣、食、住、行、书籍、纸墨等费用，还得缴大学学费，怎么办才能过得去呢？

她的房租很便宜，一个月只要15法郎。因为住的房间是个阁楼，光线从斜面屋顶的天窗射进来，没有电灯，没有暖气，也没有自来水。她所有的家具是一张折叠铁床、一个炉子、一张桌子、一把椅子、一个脸盆、一盏油灯、一个水桶、一个煤油炉、两个盘子、一把餐刀、一把叉子、一把汤勺、一个茶杯、一个平底锅、一把水壶、三个玻璃杯。客人来了，只好坐在箱子上，那也只能坐两个人。

她给自己规定一年只能用两袋煤取暖。煤是她从街上买来的，一桶一桶地从楼下提到六楼。她几乎可以不用灯，天一黑就到圣日内维埃尔图书馆去看书，直到晚上10点钟图书馆关门才离开。回来后，再点亮自己的油炉到深夜两点钟才上床。

在家务活中，她只会缝纫。这是它从前在寄宿学校上"手工"课时学会的。不过不要因此以为玛丽会偶尔注意服装，会想到要去买一块便宜的布料，自己做一件新衣服穿。正相反，她似乎发过誓要永远穿她的华沙衣裳，虽然它们都磨光了，穿破了，她也仍旧永远穿下去。但是她采取洗净补好的方法把自己打扮得整整齐齐。

玛丽从来没有时间学烹调。她的朋友们说她甚至连汤也不知道怎么做。她不会做，也没有时间去做。她从来没有想从学习物理的时间里抽出时间来做饭。因此，她只吃面包涂黄油，樱桃和喝茶。偶尔吃一个鸡蛋或一块巧克力。

这种饮食，使几个月前离开华沙的健壮艳丽的女子很快就成了虚弱的人。她时常由书桌前一站起来就发晕，刚刚来到床前躺下，就人事不醒了。苏醒过来后，她反问自己为什么昏过去，她以为自己有病，但是她对于疾病也和对于干别的事一样，极为轻视。她一点没有想到她是因为身体虚弱而晕倒的，更没有想到她唯一的病就是饥饿。

当然，布罗妮雅和德拉斯基也不全了解玛丽的这种生活方式。玛丽有时到布罗妮雅家去。每次会面时，布罗妮雅就笑着问她：

"怎么样，单独生活，会做点菜了吗？因为你一直做家庭教师，所以没工夫去学习做菜的啊！"

"嗯，还行吧！"

听到玛丽含混其词的答话，布罗妮雅感到了这个妹妹做菜的本领还是差得远。

德拉斯基则开门见山地问：

"玛丽，你的身体怎么样？脸色可不太好啊！"

"没什么，只是用功过度，有点疲劳罢了。"

然后，玛丽用一个表示无所谓的手势，骗过了姐姐和姐夫，开始和她的外甥女玩，她很喜欢这个小女孩。

可是，有一天，玛丽在一个同学面前晕倒了，同学们赶快去通知德拉斯基。他慌忙地跑来，给她做了检查，随后歪着头打量着空旷而简陋的房间。屋里一点吃的东西也没有，蒸锅里也是空空的。德拉斯基又目不转睛地瞅着玛丽的脸询问着：

"玛丽，你今天吃了些什么东西？"

"噢，今天……我想不起来啦。我还吃过午饭呢。"

"说一说，你吃的什么东西！"

"嗯……一些樱桃，后来又吃了小红萝卜，还有一些别的东西。"

然而，德拉斯基已不会再被她骗过去了。

"别的东西是指的什么呢？"

"那个……"

"你就清楚一点。"

玛丽听到德拉斯基不同往常的口吻，没有办法，只好说了实话。她从昨天到现在，只吃了一把小红萝卜和一把樱桃。

德拉斯基听了，惊讶得半天没有说出话来。他突然帮她穿上外套，匆匆忙忙地把笔记本和参考书籍收捡起来，然后连拉带拽地硬把她领回自己家里。

"布罗妮雅，赶快给准备饭菜，这个病人需要吃这种药！"德拉斯基一走进大门口，就大声喊叫布罗妮雅。

"啊，哎哟！怎么的了，玛丽？"

"怎么也没怎么的，没见过这么个糊涂人！不管怎样，赶快给做吃的。对了，来个大块牛排，再来个……什么都行吧，越快越好！"

布罗妮雅在惊慌中跑到厨房里去。一直代替斯克罗多夫斯基家主妇的她，和玛丽不一样，能把菜做得又快又好。

不大一会儿，就把饭菜摆在玛丽的面前来了。于是，她就狼吞虎咽地吃了起来。原来，玛丽饿得快要死了。但是她由于不顾一切地专心学习，没有留意到这一点。

当晚到了11点，玛丽只好躺下睡觉了，因为给她关了灯，没法再看书了。

这样一连四五天，既有丰盛的饭菜补养着，又得到安静的休息，玛丽恢复了健康，又像原来那样活泼可爱了。

"谢谢姐夫、姐姐，我已经好了，该回去了。"

"玛丽，你要听话！今后，可绝对不许像以前那样生活了。"

"是，我明白了。"

玛丽十分从容地回答着。她这样回答，其实，只不过是为了早一天回到她自己学习的房间里去罢了。从第二天开始，她又恢复了自己那套生活方式。

学啊……学啊……玛丽感到自己的努力在发展。她的双手越来越灵巧了。不久，法国物理学家李普曼教授委托她做一项有独创性的研究，因此她也就获得了显示她的技能和创造力的机会。除去星期天，每天都能看见她穿着粗布做的实验工作服，站在索尔本大学物理实验室的一张橡木桌子跟前，注视着精密仪器，或者瞧着迷人的物质在不断地滚沸。还有一些人，多半是男的和她在一起工作，极其安静地干着比谈天说地更吸引人的工作。

做完实验后，男青年们瞧着这位姑娘，等在门口想跟她说句话，要求跟她交朋友。有一次，小伙子们想跟她一起散步的心情非常急切，弄得她的朋友狄迪乌斯卡小姐只好用伞把他们赶开。玛丽没有时间交朋结友，她以钢铁般地意志和令人难以置信的顽强精神，坚持不懈地学习着。

1893年她获得了物理学结业证，她考了第一名。她也努力使自己的法语达到尽善尽美的地步，不让任何波兰的口音留在她的唇间，她要把法语说得像法国人一样。

偿还奖学金

盼望已久的假期开始了。玛丽满怀喜悦的心情把她的好成绩带回波兰去,好让家人高兴。她得买些礼物带给父亲、哥哥约瑟和姐姐海拉;还得给自己买上2000多千米旅途上的食品。花光所有的钱,带上满满的礼物回家,这是波兰人的传统习俗。在铁轨的那一端,有父亲、约瑟和海拉,有一个家,有饿了可以任意吃饱的食物。

在漫长的夏季里,波兰各地的亲戚宴请她,但是,她思考的问题是,秋季,怎么办?从哪里能筹集到下一学年每周10卢布的费用?正在一筹莫展的时候,她的同学狄迪乌斯卡小姐来了,还是带着她的那把旧伞。这次她带来了一个好消息，她说服了华沙的当权者们答应给玛丽一笔奖学金。狄迪乌斯卡对他们说，这个姑娘会给他们的城市带来荣誉。就这样，玛丽获得了600卢布的"亚历山大奖学金"。这笔官费是供给成绩好的学生在国外继续努力求学的。600卢布！够玛丽用15个月了！拿到手后，她赶紧回法国去了。

1893年9月15日，玛丽由巴黎写给她哥哥约瑟的信上说："我已经在一条干净而且规矩的街上，租妥了一间住房，在第七层楼，很合适……它有一个可以关紧的窗户，若是我能安排好，不会觉得很冷的，尤其是这里有地板，而不是砖地。"

实际上并不像玛丽想的那么好。冬天到了，七层楼上的小阁楼冰冷冰冷的，冷得玛丽不能入睡，冻得直打哆嗦。本来不多的煤已经烧完了……但这算什么？一个华沙女子会忍受不了巴黎的冬天么？玛丽再点上灯，四周看看，她打开那口大箱子，把所有的衣服都拿出来，能穿多少就都穿上，然后钻进被窝里，再把剩下的衣服都压在被子上。可是还觉得冷。玛丽伸出手背，拉过那唯一的一把椅子，提起来压在被子上边的衣服上，给自己一种有重量和暖和的自欺欺人的幻想。

清晨，起床后，她发现水桶里的水已经结了冰。不过，她还是那么热爱那些日子，关于这一点，她写了一首短诗：

她在困苦的日子里一心好学。

她周围的青年却逍遥自在，

他们追求舒适、安逸和娱乐。

一周一周，她幸福而愉快，

独自培养着高尚的志趣……

啊，流光飞逝，终于到了那一天，

她得离开那求知求艺的乐土，

踏上那灰暗的人生征途。

她不时感慨地想到，

在那小阁楼孤寂的角落里，

那里依然有人在埋头苦干，

那里充满了对命运的回忆。

1894年3月18日，玛丽在写给她哥哥约瑟的信上说：

"我们的生活似乎都不容易，但是，那有什么关系？我们应该有恒心，尤其要有信心！我们必须相信，我们的天赋是要用来做某种事情的，无论代价多么大，这种事情必须做到。也许在我们最没希望的时候，各种事都会转变得很好。"

"亚历山大奖学金"帮助玛丽渡过了难关，保证了她在课堂和实验室里学习和工作期间的再也不能减少的基本生活费用。

后来，当她给法国国家实业促进委员会进行各种钢的磁性问题研究的时候，得到了一笔报酬。尽管这时她也很困难，也很需要钱，但她仍然从这笔收入中，省出了600卢布，送还了"亚历山大奖学金"委员会的秘书。她的这一举动使这位秘书惊愕不已。因为他从来没有遇见过偿还奖学金的事。玛丽想，在她困难的时候，能给她这笔奖学金，是对她的信任，她就应当视为"名誉借款"。只要稍有可能，就应当偿还。否则，将于心不安！也许还有不少像她当年那样困难的青年在等着用这笔钱呢！

当玛丽有了很高的社会地位之后，她更是把那些经济拮据的学生，放在自己心上。千方百计地为他们解决求学经费问题。玛丽一向是自尊自爱的，从来不轻易开口向他人求助。可是，为了帮助经济上困难的学生，她就顾不得这许多了。她常常忍受着官吏们的冷眼，去向各有关部门为学生们争取学习经费。有时她微笑着说："我相信他们总有一天会像赶乞丐一样把我们撵出门完事。"

科学搭鹊桥

1894年，玛丽开始在索普曼教授的实验室对不同钢种的磁性进行研究。由于地方太小，放不下她需要用的各种笨重设备。她要分析各种砂石，收集各种金属样品，但不知道可以从哪里借到一个这样的地方。她把她的困难告诉了一位科学界的波兰朋友科瓦尔斯基。科瓦尔斯基是和他的妻子到巴黎来度蜜月，同时也是来讲学的。

科瓦尔斯基严肃地看着她。他认为事关重要，但是他来巴黎，人地生疏，怎样才能为玛丽弄到一个地方呢？他认真地思索了片刻，说：

"有了！我认识一位有点名气的人，他在娄蒙路理化学校工作，也许他那里能有一间工作室。无论如何，他至少可以给你出个主意。你明天晚饭后到我这里来喝茶，我请这个青年人来。你也许知道他的名字，他叫皮埃尔·居里。"

当玛丽按约定时间走进科瓦尔斯基下榻的昏暗的旅馆房间时，她看到一个高个子的男青年站在阳台窗口。他看上去很年轻，使她感到惊奇，因为她想到她要会见的是一位已经出了名的人物。这位客人具有一种独特、惊人的地方，那潇洒自如的风度似乎在他那宽松的服装的衬托下更引人注意。

"玛丽，我来介绍一下，这位是皮埃尔·居里先生，是个著名的学者。皮埃尔，这位是我方才提到的玛丽·斯克罗多夫斯卡女士，是个非常出众的姑娘。"

科瓦尔斯基夫人把这两个人一一作了介绍。

"我是皮埃尔·居里，初次见面，请多关照！"

皮埃尔沉着而安详地说。玛丽不是善于交际的人，她只笑着点头表示感谢。

居里是一位意志坚定、热爱科学的人，他灵巧的大手放在桌子上，平静、明朗的双眼以深沉、镇静、洞察一切的力量看着她。

起初，当科瓦尔斯基夫妇和玛丽、皮埃尔4个人见面时，大家只是想一般地谈谈。后来，皮埃尔和玛丽的话题转到科学上来。她不正是为了科学工作而来的么？她以各种不同的方式请教这位如此年轻却已很有名气的人物，听取他的意见。后来他谈到自己，这在他来说是少有的情况。谈到他自己的目标，谈到他的结晶学。结晶学使他着迷，他正在寻找它的规律。突然一个想法掠过他的脑海：真奇怪，居然和一位姑娘谈起自己热爱的工作，使用科学术语和复杂的公式来交谈，而且他还发现，这位年轻妩媚的姑娘感兴趣并听得入神，发现她理解他所说的道理，并能以清楚无误的概念作深入的探讨……真是"心有灵犀一点通"啊！

他又望着玛丽，望着她的秀发，望着她那一双被家务和化学上的各种酸液弄得粗糙的手，望着她优雅的风度，望着她那极度端庄持重的举止，那么使人心驰神往！

这就是那个在波兰工作了多年，满怀希望地来到巴黎，而如今住在巴黎的一个阁楼里，一贫如洗，独自创业的女子。

"你打算在巴黎长久待下去吗？"

"不，当然不，"玛丽回答说，"如果今年夏天我通过了考试，就回华沙去，打算秋季再来，但是不知道经济上是不是允许。最后，我要在波兰的一个学校里教书，尽量做点有益的事。一个波兰人是绝不会丢弃祖国的。"

话题转到波兰的不幸和波兰压迫者上来。皮埃尔一直是一个专心致志地搞科学的人，这时怀着诧异和痛苦的心情，聆听玛丽叙述人类为自由而斗争的故事。他想到当科学家被迫放弃对科学的研究时，真理和知识会遭到多么大的损失。他想把这位不可多得的天才留在科学之都——巴黎。无论如何，他不愿意跟她失去联系。

这里，我们简单地交代一下皮埃尔·居里的情况。

皮埃尔·居里于1859年5月15日诞生在巴黎一个医生的家里。他是居里大夫的次子。还有一个哥哥叫捷克。弟兄二人从童年时代起就对科学极感兴趣。尤其皮埃尔，极富天资。皮埃尔的父亲了解他的天资，认为不应当叫他在普通中学里只受一般的教育，于是给他请了一位著名的教授进行个别教育。结果，皮埃尔16岁就进入索尔本大学学习，18岁通过理科学士考试，19岁就当了索尔本大学的助教。1883年，皮埃尔被任命为巴黎物理化学学校的实验室主任。此后10年一直在这个学校进行科学研究。这期间，他发明了被命名为"居里天平"的化学天平，同时又发现了"居里定律",成了世界著名的学者。皮埃尔专心致志地钻研科学,不愿意把精力用在别的事情上。因此,他既不去谋求当大学教授,也不为获得勋章而奔走,总是过着清贫的生活。

皮埃尔初次会见玛丽之后,被她的聪明和美貌吸引了。玛丽也常到物理学会去听讲演,他就在那里跟他相会。皮埃尔送给未来夫人的礼物是他写的一本书——《论物理现象中的对象原则:电场和磁场的对称原则》,并在书的扉页上郑重题词,以表敬意:"皮埃尔·居里谨以尊敬和友谊赠斯可罗多夫斯卡女士。"这在他们之间是最有意义的"信物"了。

后来,他请求去拜访她。玛丽友善而谨慎地在那间小阁楼里接待他。皮埃尔看见她的贫寒情形,更生怜爱之情。玛丽穿着旧得磨出了纹理的上衣,神情高雅,潇洒脱俗,在这个差不多空无所有的陋室里,显得更加美丽和高贵。她看上去消瘦、贫弱,但炯炯有神的眼睛里,却闪着坚强和智慧的光芒。宛如一颗灿烂夺目的明珠被灰尘掩埋着。

他们交谈着,皮埃尔原来认为天才的女性是罕见的。科学事业与结婚是不能两全其美的。可是,自从和玛丽相识后，这种想法开始动摇了。他的一切矛盾和痛苦都消失了，就像雾气在太阳出来后消失了一样。他带着完全另一样的心情回去工作。在他看来，不值得去做的事情现在变得更重要了，更明确了。他把新理论写成一篇极有价值的博士论文。他发现，这位女性有超过自己的天才，而且对自己也有所启迪与教益。他想得很多，因为他把他的心交给了玛丽。

但是她的心思又怎样呢？皮埃尔作了试探，他带她到他俩都喜爱的法国乡村去。他们一起采白菊花，拿回家插在花瓶里，给简陋的小阁楼增添勃勃生机。他带她到巴黎效外的梭镇去看他的妈妈和爸爸。玛丽感到自己好像到了第二个家。就像在华沙的家里一样，生活在平和、慈祥、友爱的人们当中；他们爱读书，爱大自然，尤其是爱科学。他们谈到美丽的波兰，谈到玛丽穿过波兰美丽大草原的长途徒步旅行，谈到她这次假期要到瑞士山脉去度假的欢乐。

那年夏天，玛丽通过数学学士考试，获得了第二名。

皮埃尔为此感到非常高兴，而又非常不安。高兴的是玛丽学业有成，不安的是玛丽要回到故乡华沙去了。

"那你10月份回来吗？"皮埃尔高声问道，心里突然一凉!"抛弃科学对你来说将会铸成大错。"

玛丽理解他的意思。她知道他心里说的是抛弃他会铸成大错。但是,波兰牵扯着她的心。她羞涩地抬起头来望着他说:"叫你说对了,我是很想回来的。"

不久,皮埃尔感到有足够的勇气对她说些心里话,要求她做他的妻子。但是她说无论如何也不行。她决不能因为跟一个法国人结婚而脱离波兰。此后,他们又商量了好几次,因为皮埃尔知道科学是站在他这一边的,他相信科学是属于整个世界的。

玛丽没有答应皮埃尔的要求,又回到波兰度假去了,她只答应他永远是他的朋友。

打破常规的婚礼

　　回到波兰以后,玛丽不断收到皮埃尔发来的充满热情的信。

　　他打算到瑞士同她相聚几天,但她到那儿去是为了和父亲团聚。他最后还是决定不去,以免破坏了这位姑娘美好的假日。他写信把自己种种想法和一些踌躇不决的事情全部告诉了她,信中总要塞进自己的那套见解,一个人应该只为一个理想活着,那就是科学的理想。"在政治上,"他说,"你究竟能干出点什么名堂,永远是个'未知数';你原想帮助你的国家,说不定结果却毁了它。即使你怀着有益于人类的梦想,你也不知道该怎么去实现。

但是，科学都是扎扎实实的事情。任何一个科学发现，都是有益于祖国和人民的，并将造福于全人类。"

玛丽喜欢写信跟他谈论她的自由问题。

"谈吧！"皮埃尔回信说，"我们都是奴隶，感情的奴隶，偏见的奴隶，不得不为生活而奔波的奴隶，活像一台机器上的轮子。我们不得不向周围的事物做些让步！如果我们过分地让步，那就成了卑贱的可怜虫；如果让步不够，那我们就被压垮了。"

皮埃尔不论哪封来信都反复地写着：

"盼望你的归来。"

皮埃尔的热情终于感动了玛丽。她在10月间又回到了巴黎。皮埃尔说的那一套向周围事物让步的哲学，他自己又做得怎样呢？是否只是玛丽一个人固执呢？他开始盘算该作出让步的是否是他自己。他一想到了就立即付诸行动。他提出要舍弃巴黎，到波兰去。为了生活，他要暂时放弃科研去教授法语，然后设法再回到科学工作的岗位上来。

玛丽把自己的犹豫心情告诉布罗妮雅，征求她对皮埃尔提出来的他离开他的祖国的看法。在她本人看来，没有人有权要求别人作出这样的牺牲。她想到皮埃尔居然向她提出这样的建议，深受感动。皮埃尔也到布罗妮雅家去了，他们完全支持他。

布罗妮雅和玛丽一起去拜访皮埃尔的双亲，听到他母亲满怀柔情地谈论这位了不起的儿子皮埃尔，布罗妮雅意识到把妹妹交给他是一定会幸福的。

玛丽又犹豫了10个月，后来两个人都立下誓言，他们结婚后绝不抛弃崇高的理想。这样，才把婚约定下来。

1895年11月26日，明朗的天际，一轮红日冉冉升起。今天，玛丽·斯可里多夫斯卡女士要成为皮埃尔·居里夫人了。

玛丽一大早就起来，梳好美丽的头发，穿上她姐夫德拉斯基的母亲送给她的海军蓝衣服，外面套上蓝色条纹的短上衣，把她美丽的脸庞衬托得更加漂亮。

她穿好衣服后，皮埃尔来接她。他们坐马车离家去车站上火车到梭镇去，婚礼将在那里举行。马车走圣米歇尔大街，清脆的马蹄声得地响着。路过索尔本大学的时候，在大学理学院门口，玛丽把她的同伴的胳膊挽得更紧，她感到科学的道路上自己找到了一个完全可以依托的伴侣。

婚礼在皮埃尔父母的花园里举行，有布罗妮雅和德拉斯基，还有几个亲近的朋友，玛丽的父亲和姐姐海拉也从华沙赶来了。玛丽喜欢她的婚礼,因为它连细节都与众不同。一无结婚礼服,二无金戒指,三无喜庆筵席,四无宗教仪式。最贵重的结婚礼物是用亲戚的赠款购买的两辆新自行车。

婚礼后,家长们在花园里迎接新娘和新郎时,玛丽的父亲对皮埃尔的父亲说:

"你会发现玛丽是一个值得怜爱的女儿,她出生以来,没有给过我任何痛苦。"

玛丽和皮埃尔,就是骑着这两辆自行车,带着小罗盘,在法兰西岛区的公路上漫游,这就算是"旅游结婚"了。走累了,玛丽便躺在草地上,嗅着花香,仰望蓝天,沉醉于遐想之中。有时,皮埃尔会提来一只青蛙,悄悄放在她的手中,突然吓她一跳。对此,她会友善地发出"抗议声",于是皮埃尔又把青蛙放回水中。这时,她才松了一口气,舒心地笑了。到了夜晚,他们便很随便地居住在乡村小旅店中,破旧的窗户纸已经发黄,夜风吹得它沙沙作响,烛光摇曳,远方犬吠,近处鸡鸣,还依稀听到猫的叫声和鸟儿的歌唱。质朴的农村风光,别有一番滋味……

再看看居里夫妇的新居吧,也很有趣。这是皮埃尔父母送给他们的一所房子。一进房门,真是四壁肃然!只有一张刚漆过的白木桌子，上面放着一些书籍，一束花，一盏煤油灯，桌子的两头是两把木椅子。此外，还有一张双人木板床。皮埃尔的父亲，是位著名的医生，家境尚在小康之上。他曾主动提议给这对新婚夫妇一些家具，但玛丽坚持不要。她有着自己的特殊计算，那就是添一件大沙发或弹簧椅，每天早晨就多一项负担，要把灰尘擦掉；每天大扫除的日子，就得多一件东西要清扫。她没有时间，也舍不得抽出时间这么做。她要学习，这比什么都重要。屋子里只有两把椅子，似乎太少，皮埃尔曾提议是不是再添一把椅子；以备来了客人时坐坐。玛丽自有她特殊的逻辑，多放一把椅子，好是好；只不过客人一旦坐下来，就不容易走了。最后，两个人达成协议，为了挤出更多的时间进行学习和研究，一把椅子也不添。这样一来，就算最熟悉、最大胆的客人进来，一看没有为自己准备座位，一定会快快告辞。

惊人的发现

结婚旅行归来，他们便双双钻进了实验室，开始了共同攀登科学高峰新的更加艰辛的征程。

玛丽像其他成绩优异的物理科学家一样，一直在实验室里工作。她获得了两个硕士学位，还得了一张大学毕业生可以在中等学校任职的文凭。

在这期间，她还为一个专门委员会完成了一项专题研究——回火钢的磁化问题，并且已经写成了论文在杂志上发表。这时，她虽然已经有了可观的学历、学位，但还没有找到固定的工作。当时，按照法国知识界的一般程序，下一步应当考取博士学位。只有得到博士学位，工作才有保障。而为了考取博士，就必须有一篇相当水平的博士论文。这就要求发现从前没发现过的东西，要解决尚未解决的问题。

皮埃尔是她工作所在的实验室的主任，是一位学识渊博、经验丰富的物理学家。她接受他的建议。他可以有把握地提出，必须去研究什么，什么东西一旦研究出成果就会对人类有所贡献，而且还会获得进一步的认识。在通往知识的道路上有没有未知的东西挡住了去路？他们两个人经常讨论这个问题。玛丽大胆而又谨慎、善于继承、又勇于创新。

有一天，玛丽又去查阅亨利·柏克瑞尔一年前发表的研究报告。柏克瑞尔是法国物理学家，他的科学成就主要是关于放射性的发现。早年，他从事磁光和荧光现象的研究已取得不少成绩。1895年德国物理学家伦琴发现了X射线。这一发现引起了柏克瑞尔的极大关注。究竟是那一种发光体能产生X射线？为了探索这个问题的奥秘，他对已知具有荧光能力的某些铀锰一一进行了研究。1896年当他将照片放到铀和钾的硫酸盐复盐下显影时，发现照片在相应于铀盐位置的部分变成了黑色，并证明这种作用是由于盐中铀的存在，经曝光的结果。接着他又对铀穿透辐射性质进行了研究试验，证明这种辐射在一定距离内具有放电体的性质就是放射性。

柏克瑞尔的发现引起了玛丽和皮埃尔的极大兴趣。玛丽决定去解释这种现象，她把这作为她获得博士学位论文的题目。这事可能微不足道，但是她决定抓住不放。她要找出放射现象是来自什么物体，它的根源和起因，并阐述它的性质。

除了柏克瑞尔对这个问题的初步探讨的文章外，再也没有什么可供参考的书。世界上对这个课题还十分陌生，因此她没有指导教师。她简直是在对未知世界的探索中作狂热的冒险，这需要多大的勇气啊！

要解决这个问题，玛丽需要一个房间来做实验室。上哪去找呢？皮埃尔对玛丽来说，既是好丈夫，又是科学前辈，也是老师和朋友。皮埃尔在朋友中打听，但是没有人能想起有什么合适的地方，合适的地方都用于更重要的项目了。皮埃尔向理化学校的校长请求了好几次，总算有了一个结果。

"研究时要用的实验室，前些天已经和校长谈了，他答应可以使用学校的仓库。"皮埃尔告诉玛丽说。

"啊！这是真的吗？"

"嗯,那里条件很糟。不过,还可以将就使用。"

"只要允许我整日使用,在什么地方都行。"

这间屋子原来是一个贮藏室和机器房,阴暗、潮湿、简陋。遇上下雨天,外面哗哗下,屋里乱嘀嗒。夏天,屋里热得像蒸笼;冬天,冷得像冰窟,即使把炉子烧红了,稍稍离开炉子一点距离,仍然会把人冻得发抖。玛丽对冷热倒可以忍耐;潮湿却使得仪器失去了精确性,这给工作带来了严重的困难。

玛丽就躲在这个没有人来的仓库里开始了钠射线的试验。她要进行的试验是测出射线的某种能力,找到射线使空气导电的力量究竟有多大,使验电器放电究竟要多长时间。

经过几周的研究,玛丽得出了结论,铀的辐射同含铀化合物的化学组成没有关系,也不是由光照或温度等外界因素决定的。这种辐射是一种原子特性。她又进一步联想到柏克瑞尔刚好在铀身上发现了这一特性,这也许完全是偶然的。有谁知道,其他元素是不是也会释放这种射线呢?

想到了立刻实验。玛丽扔下了对于铀的研究,决定检查所有已知的化学物质。不久,检查就有了结果,另外一种元素钍的化合物，也会自动地发出射线，与铀射线相似，强度也相像。这位青年科学家认为，这种现象绝不是铀的特性，必须给它一个新名词。玛丽提议叫它放射性，铀和钍等有这种特殊"放射"的物质，就叫做放射性元素。

当玛丽把已知的化学物质都做过了试验以后，她还能做什么呢？玛丽具有科学又是天生的好奇心。她决定到博物馆去从矿石着手。含有铀和钍的矿石是放射性的，当然，不含这两种的就不是放射性的。别人已经记录了这些砂石是由什么构成的，玛丽只需翻看记录，从有怀疑的矿石开始，换句话说，就是从含有铀或钍有关的矿石开始。在测量中有了一个戏剧性的发现，她检查过的矿物的放射性的强度，比根据其中铀和钍的含量预计的强度大得多！

这位年轻的科学家想："这一定是试验错了……"学者们对于出乎意料的现象的第一个反应，总是抱怀疑态度。玛丽严肃认真地开始测量，同样的矿物，重复作了一二十次。奇怪，实验的结果老是一样。这种反常的而且过度的放射性是哪里来的？这只能有一种解释，即这些矿物含有少量的比铀和钍的放射作用强得多的元素。

但是，这是什么元素呢？玛丽在以前所做的试验中，已经检查过所有已知的元素了。这位伟大的科学家又勇敢地作出一个大胆的假定：这些矿物中一定含有一种新元素！

玛丽的直觉告诉她这种未知元素一定存在，并在1898年4月12日发表了正式声明说："沥青铀矿和铜铀比纯铀的放射性强得多。这个事实非常明显，它使人相信，这些砂可能含有比铀的放射性要强得多的元素……"但是，她还必须揭开它的秘密。

皮埃尔很热心地随时注意玛丽试验的发展，他虽不曾直接参加试验工作，可是时常以他的远见卓识帮助玛丽。现在，因为玛丽得到的试验结果，性质太重要，他决定暂时停止他自己在晶体方面的研究，与玛丽一道来研究这种新元素。

他们选择沥青砂来研究，因为它的放射性比其所含的铀的放射性强4倍。可是沥青铀砂中的一切元素已为科学家们所熟知。他们讨论认为，这个尚未了解的元素一定很小，小到细心的科学家也没发现它。他们猜想这种元素在沥青铀矿中的含量可能只有1%。（后来的试验证明，这种未知的元素在沥青铀矿石中还不到百万分之一。）

玛丽和皮埃尔耐心地开始检查矿苗，所用的方法，是他们根据放射性发明的。先依照化学分析的普通程序，把组成沥青铀矿的各种元素分析，然后测量所得各种元素的放射性，继续淘汰几次之后，他们逐渐能够看出来那种"反常的"放射性，是藏在这种矿石的某几部分之中的。再进一步搜寻，他们发现放射性主要集中于沥青铀矿的两个化学部分里面。这说明有两种未知元素，1898年7月他们发现了其中的一种。

皮埃尔对玛丽说："你应该给'它'起个名字！"

玛丽沉思了一会儿，她的心转向了灾难深重的祖国——波兰。于是，她回答说："我们是不是叫它'钋'？"这个元素的名字的字头和波兰国名的字头一样，以纪念她的祖国。

这个名字的选择，可以证明虽然玛丽此时是法国人，并且是物理学家，但是，她并没有忘记自己的祖国和人民。还有一件事也可以证明这一点，她交给理科博士学院的文章《论沥青铀矿中所含的有效放射性的新物质》还没有发表之前，玛丽已经把原稿寄回祖国一份，差不多和在巴黎发表的同时，在华沙一个叫做《斯维阿特多》的摄影日报上发表了。

暑假到了，两位科学家放下在潮湿实验里的研究和另一种尚未了解的元素，带着他们的女儿绮瑞娜和自行车，搭乘火车去奥佛尼高地。他们游览小城镇，有大教堂；有拔地而起的奇峰，峰顶耸立着奇特的古代祭坛；有死火山……他们一边漫步一边谈着另一种尚未了解的元素。

秋天，他们回到家里，又回到那个潮湿的工作室，又摆弄起那些毫无生气的矿物，以新的更大的热情继续他们的研究工作。

在玛丽的科学研究活动中，她的坚韧毅力，得到了锻炼和发挥。她一旦选定了目标，就一定要设法找到通向目标的途径，一定要做出个结果来。

工夫不负有心人。1898年12月26日，在给法兰西科学院的报告论文里，居里夫妇从容地宣布："另一种含有放射性的新元素我们已提议命名为'镭'，它蕴藏着巨大的放射性。"

爱因斯坦得知玛丽性格中的这种宝贵的因素，他指出："一旦她认识到某种道路是正确的，她就毫不妥协地并且顽强地走下去……"她之所以取得杰出的科学成就，"不仅是靠着大胆的知觉，而且也靠着在难以想象的极端困难条件下工作的热情和顽强精神，这样的困难，在实验科学的历史是罕见的。"

镭之光来之不易

虽然，玛丽有着极大的耐心，但是，她和皮埃尔面临的困难也越来越大，就连维持日常生活用的钱都不够，从事科学研究的时间就更紧张。为了生活，皮埃尔不得不教大量的课，以谋取每年相当2400卢布的工资。教课挤掉了研究镭的时间，而且教课所得也还不够日常开销和支付女儿绮瑞娜的保育费。于是皮埃尔想在大学里谋一个职位，以便工作条件更好些，报酬多一点，也许还可以在大学里搞到一个真正的实验室，里面有试验用的电学仪器设备。大学生每天没有这么多的课，晚上也不用改那么多的作业。但是，遗憾的是，最优秀的人才常常得不到职位，得到有优厚待遇职业的人常常是较长的朋友和那些徒有虚名的人。有一次可能申请得到一个职位，好心人告诉他，根据惯例，他得去拜访任命委员会的每一个委员。他讨厌这种办法，他硬着头皮去按人家的门铃，请求晋见委员会的委员，他被请进，就坐。但当要员来到他面前时，他又难于启齿，结果他为他的竞争对手说尽了话而全然不提自己。自然，临到确定人选的那一天，获胜者是他的竞争对手。不得已，皮埃尔又在综合工艺学术谋得了一个待遇不高的导师职位，年薪1000卢布，总算增加一笔收入。

正在这个时候，日内瓦大学发出了请皮埃尔去任教的聘书，并答应提供一个高档的实验室，以及他们需要的一切实验设备。这正合他的心意，于是便接受聘请，和玛丽一起前往日内瓦。但是，到达那里以后，他们很快就认识到他们不能离开巴黎，不能丢下镭。因此，皮埃尔只好表示歉意，坚决放弃了日内瓦的这个肥缺，夫妻双双返回巴黎，仍旧过着贫困的生活，为的是继续镭的研究工作。

不久，皮埃尔转到理化自然科学学校工作，而玛丽也在赛弗尔女子师范学校执教。这些年轻的姑娘，有玛丽这位老师，真是太幸运了。玛丽初次登台讲课，备课极其认真，她的课程最吸引人，深受学生欢迎，经常受到学校表扬。但是，学校离家很远，每周有好几次课，她都得坐电车去，既劳累又浪费时间。此外，还得备课，批改作业。皮埃尔和玛丽两个人都被折腾得筋疲力尽。他们还能提炼镭吗？

后来，玛丽写过这样一段话："我们没有钱，没有实验室，而且几乎没有人帮助我们做这件既重要而又困难的工作……然而我们生活中最好的而且最快乐的几年，还是在这个简陋的旧棚屋中度过的，我们把精力完全用在工作上。我常常就在那里安排我们的饭食，以便某种特别重要的工作不至于中断。有时候我整天用和我差不多一般大的铁棒子，搅动一堆沸腾着的东西。到了晚上，简直是筋疲力尽。"

他们全身心地投到科学实验中去了，根本说不上什么改善生活。玛丽要在婚后改善一下饮食的决心完全抛开了。居里夫妇的医生在给皮埃尔的信中写道："我在物理学会看见居里夫人，她样子的改变使我很吃惊。我清楚地知道她是因为博士论文而工作过度……但是这给我机会说她的抵抗力量不够，不能过你们两个人过的那种纯粹智力的生活；而我说到她的，你也可以认为是在说你。

"有一个例子应该特别提出：你们差不多不吃东西，

你和她都是一样。我看见过好几次,居里夫人只嚼两根腊肠,然后喝一杯茶。你想这样营养不足,即使是很健壮的体格也要被损害吧!若是居里夫人失去健康,你可怎么办呢?

"她的不在意或顽固地不听你的话,不能就让你推卸责任。我知道你会说:'她不饿,她不是小孩子,知道自己应该做什么!'她不懂!她这样做就像小孩子。我出于我对你们的真挚友谊才这样说。

"你们不留充裕时间进餐,不按一定时间进餐,你们晚上吃得太晚,以致你们的胃因为等待太久,到后来索性不起作用。无疑地,偶尔因为手里的活儿放不下需要一气呵成,你们不妨晚吃一点;但是,你们没有权利把晚吃养成习惯……你们应该让你们的身体休息,你们应该舒舒服服地坐下来吃顿饭,慢慢吞咽,避免谈到忧愁的事,或使精神疲倦的事。人在进餐时,不应该看书,也不应该说物理学……"

然而,无论是皮埃尔或者是玛丽,对于医生的忠告都毫不在意。该怎样使小棚屋里的镭早日诞生才是他们俩真正牵肠挂肚的事,其他都是微不足道的。

当玛丽和皮埃尔在长期试验过程中,迟迟不见显著结果的时候,皮埃尔的脑海里曾经闪过一丝这样的念头:我们选择的工作太苦了,是不是改做别的工作?在这关键的时刻,她不仅自身坚强不屈,坚定不移,而且还鼓励丈夫同自己一道做下去,使皮埃尔更加看清了自己一生的目标:"科学家皮埃尔离不开科学。"直至取得最终的胜利。

从她与皮埃尔商定了科学研究的选题——铀的放射性以来,就一直抓住这个总题目不放,不管多么艰巨繁难,从来没有离开或放松过。从沥青铀矿的矿渣中提取放射性元素镭,真比大海里捞针、沙滩上淘金还难!镭在沥青铀矿渣中的含量只有百万分之一,提取1克镭的化合物,要用掉400吨矿物,800吨水,1000吨的化学药品(其中固态药物900吨,液态药物100吨)。玛丽在院子里支上一口大铁锅,自己烧火,自己搅拌,自己倾倒溶液,自己收药,自己运送……她一个人就是一座工作。她炼制每一锅溶液,一次最多只能炼20千克矿渣。就这样,一锅一锅地,一年一年地,坚持不懈地工作了4年,1920年,她终于征服了这个未解的放射性物质,在废渣中看到了镭,她提炼出了1/10克镭。它具有重量,原子量为226。国际上的化学家也为之叹服,承认它正式存在了。

一天晚上，玛丽从实验室归来，把女儿绮瑞娜拍睡后，做着针线活儿。

不知为什么，她老是安不下心来。终于，她放下手中的针线，对皮埃尔说：

"皮埃尔，到那里去看一下好吗？"

"嗯！"皮埃尔点头答应了。

皮埃尔是最能了解妻子的心情的。玛丽刚离开实验室不到两个小时，现在忍不住，还想去看一看。其实，皮埃尔也是同样的心情。"熟睡"在那里的镭，他们两人是怎么看也看不够的。居里夫妇那天已十分劳累，理应早些休息了，可是，他们经常是不按常规行事的。于是，他们穿上外套，告诉绮瑞娜的爷爷他们要出去一下。于是，他们手挽手地走向热闹的街道，走过老城区的一些工厂，穿过一片空地，回到棚屋实验室。皮埃尔掏出钥匙，挤进锁眼，门嘎嘎作响地被推开了，他们走进他们的天地，他们的梦境。玛丽突然扯住丈夫的手腕低声耳语着：

"不要点灯啊，皮埃尔！"

在漆黑的实验里，放在桌上和木架上的玻璃器皿中的镭，正在那里闪耀着美丽的荧光。那真像是夏天的夜空中飞来飞去的萤火虫啊，多么奇妙而神秘的美景！

"皮埃尔，还记得你对我说过：'镭一定有极其美丽的颜色。'看，镭的颜色，果然是这样美丽……"

玛丽轻声惊叫道，一面摸索着坐到一张椅子上，黑暗的房间里有光点在闪烁，犹如蓝白色的月光，映照在湖面上。桌上、板架上闪射出奇异的光辉。在盛装它的小容器里，镭终于出现在眼前了！

在黑暗里，静寂中，两人的眼光都投向那闪光的神秘物质，投向他们含辛茹苦炼得的镭！玛丽俯身前倾，热切地望着，眼睛里闪动着晶莹的泪花，此时此刻，她的喜悦心情是任何言词所难以表达的。

皮埃尔用手轻柔地抚弄着玛丽的头发。

他们永远记得来之不易的这闪光的夜晚，永远记得这仙境般的奇景！

后来，玛丽在信中写道："就在这间破棚子里，我们度过了一生中最美好、最幸福的时刻。"

"调皮的孩子"会治癌

镭的发现轰动了全世界。一种完全崭新的东西进入了人们的日常生活。改变了人们对许多事物的看法。

英国、丹麦、德国、奥地利等国著名的学者、科学家都纷纷写信给居里夫妇，询问和索取镭的有关资料。世界各地不少科学家也开始从事镭的研究，并发现了镭及其亲族元素的一些其他特性。英国物理化学家拉姆塞和化学家索迪发现镭自行衰减地不断放出微量的新气体——氦。换句话说，镭具有衰变为氦的性能。这在当时是令人非常惊奇的发现，是原子可以变化的第一个例证。科学家所一贯认为各种物质是以它们自身的化学成分和原子量的形式而存在的。现在，科学家们不得不正视这个现实：镭产生出氦气，而且，寻求是不是其他东西也能够演变为新物质。

不管怎么说，中古的所谓惊人的"炼金术"在新发现的镭面前也黯然失色了。镭看上去好像普通的食盐。但是它的放射强度大约为铀的200万倍！它的射线能穿透除了铅以外的任何固态金属。它还有形影不离的"幽灵"，它会自己产生一种特殊的激光气，性格非常活泼，即使将它封闭在玻璃管里，它一天也要衰减自身的1/4。它还会自动放热，一小时内发出的热量能够融化与它等量的冰块。如果使它保暖，不让外界的冷空气浸入，它就会逐渐热起来，可以比周围的空气温度高10℃左右；它能使盛装它的玻璃容器变为紫红色或淡紫色；它能一点一点地"吞食"包裹它的纸或棉花；在黑暗中，只要有一点点镭，就可以读书照明之用。

镭最奇妙的特性之一，就是它的放射性。玛丽发现放射性的镭会扰乱和影响实验结果。任何东西接近镭后就变得有放射性。

这种现象引起了人们的极大兴趣，它能把光辉给予天然金刚石，对人造金刚石却不起作用，因此买主可以用它来辨识钻石的真伪。

镭的发现对当时物理学上的"物质不变"等基础理论提出了异议。过去，科学家、学者都认为宇宙是由确定的物体构成的，是由永不变化的各种元素组成的。而现在，每一秒钟，镭都释放出氦原子，并以巨大的力量把它们轰击到外面去。这种微小而惊人的爆发，玛丽称它为"原子的激变"。爆发后，残存的气体原子又变成另一种具有放射性的物质，而且这种物质又会发生变化……这些放射性元素组成一个奇异的家庭，它的每一个成员都是由终体激变产生出来的。镭是铀的"子孙"，钋是镭的"子孙"……但是，科学家更为惊愕地发现，每一种放射性元素在一定的周期内，自身的一串会自行消亡。铀消亡一串需要几十亿年；镭需要1600年；激光气是4天；激光气的子孙只要几秒钟……

你可以看到镭，看到它安静地躺在那里。可是，你要知道，当你看着它的时候，它的奇怪的子孙正在出生，正在被杀害，或正在自杀，或互相斗争而死去。这就是放射性元素的发现所揭示出来的无法否认的真理。哲学家、物理学家、学者们不得不推翻一些旧观念，重新开始研究，准备去迎接一个崭新的物理世界！

后来，这活泼的奇怪的镭又突然出现一种崭新的情况。皮埃尔仍在继续探索,他让镭烧着自己。他手上的皮肤被烧红,但未被烧伤。后来,被烧的皮肤越来越红。第20天,皮肤像普通烧伤那样结了痂。后来,出现疲劳。到第42天,溃疡外圈开始愈合。

玛丽并不想让镭来烧自己,但是,后来她发现她还是被镭烧伤了。尽管镭是放在玻璃试管里,试管又是放在一个马口铁的箱子里。接着,他们的朋友柏克瑞尔把装在试管里的镭放进口袋带回家,他也被烧伤了,而且相当严重。"瞧你们这个可恶的'孩子'!"柏克瑞尔大声地对玛丽说,"它为什么把我也烧伤了?我喜欢它,但也恨它。"

不过,他还是仔细地观察了镭作用于自己皮肤的情况,并认真地作了记录。

玛丽对它也是既喜欢又恨,因为她的手指尖被烧得脱皮、刺痛。但是,很快人们就对镭这个"调皮的孩子"造成的烫伤另眼相看了,因为它的愈合非常完好。皮埃尔和两位医生合作研究,不久就确信,利用镭破坏有病的细胞,可以治疗狼疮、某些皮肤肿瘤的癌。这种治疗方法被命名为居里疗法。一句话,镭已被证明能造福于人类,治疗疾病了。

我觉得不能借此求利

镭的发现给人类带来了一阵镭的狂热。镭立即成了世界上最珍贵的东西。人们都想购买镭。玛丽从8吨沥青铀矿石残渣中才提炼出世界上第1克镭，价值30万卢布。但是，它对玛丽来说却是无价之宝，她永远舍不得离开她这第一克镭，后来它被赠送给她的实验室，作为居里夫妇一生艰苦岁月中伟大工作和辉煌成就的珍贵象征，而一直保存着。有好几个国家都计划研制镭，特别是美国和比利时。然而，技师不知道制取纯镭的秘诀。于是，各国争相索取制镭的秘密，甚至不惜重金购买专利。

一个星期天的早晨，邮递员送来一封贴着美国邮票的信，是寄给皮埃尔的。他认真地看了看信，然后折叠好放在桌子上。

"我们得谈谈关于镭的事。看来，制镭业将有一个飞速的发展，这已成为定局。你看，这是美国制镭技师从美国东北部巴弗罗寄来的信，要求我进行指导。"皮埃尔以特别平静的语音说。

"那怎么办呢？"玛丽对于这个谈话不太感兴趣。

"怎么办？我们必须在两种决定中选择一个。一种是毫无保留地介绍我们的研究成果，包括提炼方法和工艺流程在内……"

"是，当然是这样。"玛丽作了一个赞成的手势，并喃喃地说。

"或者我们以镭的所有者和'发明家'自居，在我们发表提炼镭的技术以前，必须先取得这种制取技术的专利证书，然后确定我们在世界制镭业方面的专利权。"皮埃尔努力以一种客观态度，简单扼要地解释着。说到他不大熟习的"取得专利证书"、"确定我们的专利权"等字眼儿的时候，他的语言含着一种差不多听不出来的轻蔑。

"我们不能这么办，这是违反科学精神的。"玛丽想了几秒钟，十分认真地说。

"我也这么想……但是我们不能这样轻率地作出决定，我们的生活很困难，而且恐怕永远是困难的。我们有女儿，为了孩子，为了我们的科学研究，这种专利代表很多的钱，代表财富，有了它我们一定可以过得舒服些……"皮埃尔的心情是矛盾的，他提到了他俩梦寐以求的科研基地，请玛丽慎重考虑："我们也可以有一个好一点的实验室。"

"物理学家总是把研究成果全部发表的。我们的发现不过偶然有商业上的前途，我们不该从中牟利。再说，镭将在治疗疾病上有大用处……我觉得我们不能借此求利。"

玛丽的眼睛凝视着，慎重考虑这巨大的物质利益，这使她们成为百万富翁的机遇。最后，她还是拒绝了物质与财富的诱惑。

玛丽丝毫不想说服她的丈夫，她猜到他只是出于谨慎才说要取得专利，而她十分坚决地说出来的话，正表明了他们两个人的意愿，表达了科学工作者毫无保留的献身精神。

"我们不能这么办……这是违反科学精神的。"在寂静中，皮埃尔叙述玛丽的话，像是一个回答。他安心了，然后又加上两句，像是结束讨论似的，"今天晚上我就写信给美国技师们，把他们所要的说明给他们。"

20年后玛丽写道："皮埃尔·居里和我同意，决定不用我们的发现取得物质上的利益，因此我们不曾领取专利执照，并且毫无保留地发表了我们的研究成果，包括制镭技术在内。遇到有对镭感兴趣的人向我们询问，我们也都详细地加以说明。这对于制镭业有极大的好处，它可以先在法国，以后在其他国家安全自由地发展起来，以保证产品供给需要镭的学者和医生应用。事实上，这种实业今天使用的方法，还是我们当时指出的方法，几乎没有什么改变。

"'布发罗自然科学学会'赠给我一本记述制镭业在美国发展的情形的出版物，作为纪念，里面用照相版取出皮埃尔·居里以前很详尽地答复美国技术的问题的信件（1902年及1903年）。"

就这样，没有丝毫的惋惜和后悔，皮埃尔和玛丽永远拒绝了应该得来的百万财富，而安于清贫艰苦的生活。他们始终热爱和遵循那种把科学知识和发明创造无所保留地、无偿地贡献给全人类的伟大科学精神。

在那个星期日早晨的简短谈话以后大约一刻钟，玛丽和皮埃尔就骑着自行车，到夏天的森林里去游览。晚上，他们疲倦而愉快地归来，手中捧了一大把从郊外采集来的美丽的鲜花。

他们的重大发现的高尚情操，博得了人们的普遍赞扬。1903年11月5日，英国皇家学会把他们的最高奖章"戴维"奖颁发给他们。接着玛丽又被索尔本大学授予物理学博士学位。同年12月10日，瑞典科学院诺贝尔奖委员会宣布把本年度诺贝尔物理学奖授予亨利·柏克瑞尔和居里夫妇，以奖励前者发现天然放射性，后者对镭天然放射现象所进行的研究。1904年，索尔本大学聘皮埃尔为该校理学院新开设的物理学讲座正教授，玛丽也被任命为理学院物理实验室主任。

不被荣誉和金钱所颠倒

一天，玛丽的一个朋友到她家做客，忽然看见她的小女儿艾芙正在玩英国皇家学会刚刚奖给玛丽的一枚金质奖章，大吃一惊，忙问："居里夫人，现在能够得到一枚英国皇家学会的奖章，这是极高的荣誉，你怎么能给孩子玩呢？"

玛丽笑了笑说："我是想让孩子们从小就知道，荣誉就像玩具，只能玩玩而已，人不能永远守着它，否则就将一事无成。"

人有了成就，往往就会有荣誉，有金钱。

玛丽经常处于荣誉的浪潮包围之中。但她却能够经得住这样的考验。盛誉之下，她始终保持着清醒的头脑和冷漠的态度。

荣誉的袭扰，侵占了她宝贵的时光。一沓沓来自世界各地的信件，纷纷扬扬送来的请柬，一批批来访的交流贵客……这些，都扰乱了玛丽的宁静生活。她在写给亲友的信中谈到，由于几次奖金的获得，经济上不再像以前那么困难。但是，荣誉使她变成了忙人，失去了自由、宁静。

这就严重地妨碍了她的研究工作，给她带来了巨大的烦恼。她甚至想到要过"远离人类的野人生活"，或者到没有新闻记者的地方去，以求得"喘息和安宁"的空间。为了摆脱荣誉所造成的这种困境，她经常采取的办法是，尽量逃避荣誉，能不参加的宴会、欢迎会，就不参加，能不搞的繁文缛节，就不搞。在她第一次访问美国期间，有一次要举行欢迎她的隆重仪式。按照当时的惯例，玛丽应当穿教授的特别长袍。可是，玛丽担任几年索尔本大学讲座教授，压根儿就没有做过这件按照规定教授应该有的长袍。美国负责这次接待的多隆内夫人赶紧叫来了裁缝，用上等的黑色斜纹缎子，给她定做了这件衣服。在为她量试衣服尺寸的时候，她很不耐烦，反复说穿上这种衣服不方便，不习惯。尤其是，她强调自己的职业特点，长年与镭接触，手指、手腕等处常被镭灼伤，穿上这种衣服会刺激自己的皮肤。一句话，她千方百计地谢绝为她做这种衣服。要求对她进行个人拜访的人，她一律谢绝；对于要求她签名的信件，或者不理会，或者寄回一张早已印好的卡片，上面印着这样的句子："居里夫人不愿给笔记或在相片上签名，敬祈原谅。"但是，有一种情况例外，那就是对于要求技术指导的信件和来访者，她几乎是有求必应的。当一个美国记者请她发表点可供见报的谈话时，玛丽只讲了这么一句："在科学上，重要的是发现的实物，而不是研究者本人。"

伟大的科学家爱因斯坦曾赞美过她的这种崇高的思想境界，他说："在所有著名人物中，居里夫人是唯一不为荣誉所颠倒的人。"

居里夫人不迷恋金钱，她把一生中获得的奖金几乎全都用于资助穷人或为别的科学家创造工作条件。那些像她年轻时一样贫困的波兰学生、生活无着落的女工和实验助手，都得到过她的优厚赠与。玛丽还资助了皮埃尔的哥哥以及自己童年时代的朋友，并为姐姐布罗妮雅和姐夫德拉斯基建造疗养院捐赠了一大笔钱款。她虽然身居法国，却时刻怀念着自己被蹂躏的祖国，她向波兰人民捐款，支援为争取祖国自由而战的地下运动。

皮埃尔去世以后，有人建议玛丽将他们提炼的1克镭卖掉，其价值可达100万法郎，这样她全家不但可以过上舒适的生活，而且还可将这笔财富留给自己的孩子。但是，她没有这样做。玛丽严格要求自己的女儿"必须依靠自己的力量，谋求生活"，教育她们不要依赖父母的名望和财产，不要贪图荣华富贵，要用勤劳的双手去开拓自己的生活道路。她毅然将镭无偿地赠给她的科学实验室，让它造福于人类。对她这种无私的高尚品质和精神，人们无不为之赞叹，就连过去曾错怪过她的人也含泪向她表示歉意。

她有一颗赤子心

1913年，华沙的科学界计划创建一所放射学实验室，请居里夫人回国来领导，这使得她无比兴奋。能够亲眼看到自己的科研成果为祖国服务，她认为是最大的快慰。

她渴望已久的并付出很多的心血的镭学研究院即将创立，但她又不能脱身离开巴黎，于是推荐她的两个最好的波兰籍助手去协助管理。后来，玛丽特意回到华沙参加放射学实验室落成典礼，受到家乡人民的热烈欢迎。在波兰妇女界为她举行的盛大宴会上，玛丽注意到，在第一排中间位子上坐着一位满头银发的老太太，正微笑着注视着自己。玛丽认出了这是自己上小学时的那个学校的校长西科尔斯卡。她赶忙起身穿过摆满鲜花的桌子，像当年做学生领取奖品时一样，走上前去，亲切地吻了吻这位老态龙钟的校长，会场上顿时爆发出一阵热烈的掌声，西科尔斯卡老人激动得老泪纵横……

1914年，巴黎镭学研究院创建，玛丽亲自帮助设计规划，指导仪器的安装工作，并亲自在研究院大楼周围栽种花草。她不辞辛劳地主持着镭学研究院的放射学研究实验室，为培养新一代科学家而忘我地工作着。

玛丽希望把自己的孩子培养成为勇敢、坚持，不畏艰难困苦的人。1914年春天，玛丽在布列塔尼租了一所小别墅，预备在那里过夏。她的两个女儿绮瑞娜、艾芙和保姆、女厨师已经先期到达。她准备，在夏天学期终了的时候，再去布列塔尼与女儿们相会。玛丽在巴黎接连给她女儿写了几封信。

8月1日：

"亲爱的绮瑞娜，亲爱的艾芙，大局似乎日趋险恶，我们随时等着委员会，我不知道我是否能够离开，你们不要慌乱，应该镇静而勇敢。倘若战争不致发生，星期一我就去找你们；若是发生了，我就留在这里，一有机会就设法接你们回来。绮瑞娜，你和我必须尽力做些有益的事。"

8月2日：

"我亲爱的女儿们，动员已经开始，德国人不宣战就闯进了法国领土，我们恐怕有些时候不容易通消息了。

"巴黎很平静，并且给人很好的印象，虽然到处是离别的悲哀。"

8月6日：

"我亲爱的绮瑞娜，我也很希望接你们回到这里来，但是此刻决办不到，你们应该忍耐一点。德国人正通过比利时，沿途作战。那个勇敢的小比利时不甘心束手就缚，勇敢地抵抗德国人入侵。每个法国人都觉得大有希望，这场斗争虽然很艰苦，但最终必定会取得胜利。

"波兰已被德国人占领，经过他们的一番蹂躏以后，我的祖国还能剩下什么呢？我一点也不知道家里的情况。"

玛丽还多次写信给绮瑞娜，要她把形势设想得严重些，复杂些，而且要勇敢地应付可能发生的一切。"人们已经开始预料巴黎有被围的可能，那么，我们就得被割断联系；果真如此，你须勇敢地忍受着，因为我们个人的愿望与现在正在进行着的伟大斗争比较起来，是微不足道的。你应该觉得你对于妹妹负有责任，若是出乎意料，我们要分离很久很久，你必须照料她。你一定要有勇气和信心，想着你做姐姐的责任，这是你应该认真担负这种责任的时候。"这信中表现出的口气，简直是像军事指挥员给她的部属下达命令似的坚定。大战期间，她顾不上照顾自己的女儿们，但她运用一切机会来锻炼她们。她还让绮瑞娜和艾芙给战士们织毛衣；到农村去，代替那些应征入伍的男子们去收获庄稼，为他们分忧。

在巴黎，玛丽觉得格外孤独。除了一个患心脏病的机械师不能参军以外，她所有的同事都上前线去了。

这个波兰女子已经把法国视为她的祖国，这个做母亲的人已把家庭安危置之度外了。她只有一个念头：为她的第二祖国——法国效力。并把自己投身战争需要的地方。当时，前方医院和后方医院差不多都没有X射线设备，外科医生借助这种装置，可以透过人的血肉看到嵌在伤口深处的子弹或弹片。玛丽的工作从来没涉及过X射线。过去，她只是对它感兴趣，并且讲过几次关于X射线的课。这无关紧要，她愿意尽快创建X射线检查站。她只花了几个钟头，就把巴黎所有能够加以利用的X射线设备开了一个单子，并把它们分配给各家医院使用，接着，她把凡是能够或者愿意使用这些X射线设备的科学工作者集中起来又把他们分配出去。整个的巴黎医院都被X射线的设备装备起来了。

但是,受伤的人已在大批拥进一些尚无设备的战地医院,而这些医院中有一些连可以运用这种仪器的电气设备都没有,用什么办法去援救他们呢?玛丽毫不踌躇,时间就是生命,时间就是一切!她向法国妇女联合会要了一笔钱,装配了第一辆X射线汽车。这是一辆普通的汽车,用汽车发动机带动发电机来给X射线设备供电。就这样,"X射线流动医院"诞生了。这辆流动的"X射线汽车",来往穿行在景观凄凉、满目疮痍的马恩河畔的乡村,驶向一个又一个医院,使在这场战争中受伤的绝大多数伤员,都能迅速地得到检查,安全地动了手术,因此,他们中间的许许多多人都得救了。

在马恩河战争打响以前,德国离巴黎只有几千米,德国人会穿越防线吗?德国人会攻占巴黎吗?巴黎该怎么办?她的孩子们孤零零地在布列塔尼,她该上她们那里去吗?当敌人侵占巴黎时,她是不是随救护队一起撤退呢?这一连串的问题袭扰着她。但她毅然决定,无论发生什么事,她都要留在巴黎。不只是她现在担任的救护工作把她留在这里,她还想到她的实验室,想到皮埃尔·居里路的新建筑。她想:"如果我守着新建的皮埃尔·居里实验室大楼，也许德国人还不敢把东西抢走；如果那里毫无一人，就会被洗劫一空。"害怕就等于帮助敌人，倔强的、不屈不挠的玛丽痛恨逃跑者。她誓死保卫皮埃尔·居里研究所。不过，倘若玛丽不撤离巴黎，她那1克珍贵的镭无论如何也得亲自送走。

玛丽穿上一件黑色羊绒防尘外套，带着随身物品，再带上一个外面用铅遮护着的特别重的匣子，乘上开往波尔多的火车。波尔多是法国西南部名城，是法国重要港口和铁路枢纽，并以出产波尔多葡萄酒闻名于世。在拥挤不堪的车厢里，她挤在一条木头长凳上，脚边放着她心爱的镭。她举目凝望着窗外9月初的骄阳照耀下的田野，凝望着铁路沿线的公路，公路上挤满了接连不断的汽车和货车。这些车辆不停地向西边的波尔多逃去。

法国人大批逃往波尔多，旅馆的空房间很难找到。夜幕降临了，玛丽仍站在车站的广场上，拿着那个她无力携带的异常沉重的匣子。人们往来撞着她，她并没有发怒，她觉得自己的处境很有趣……难道她得整夜守着这个价值百万法郎的匣子吗？还算幸运，和她一起坐火车来的一个部里的雇员认出她来，帮她拎着沉重的匣子，并在一个私人住宅里找到一个房间住下来。第二天早晨，玛丽把那个异常沉重的宝贝存放在一家银行的保险柜里，然后踏上了回巴黎的火车。

晚上在一大群逃难的人中间她是一个不引人注目的旅客，但在早晨，却聚集了一大群人，大家目不转睛地望着她，都想看看这个奇怪地想回即将陷落的巴黎女人。玛丽尽量不让人们知道她是谁，她庆幸自己有机会告诉他们，巴黎没有任何危险，巴黎不会陷落，巴黎的居民会安然无恙，不要往外跑。然而，玛丽饿得要命，从头天晚上起她没吃过任何东西。她乘坐的这列军用列车慢得出奇，简直是在朝巴黎方向蠕动着，要不然就是心安理得地在旷野里停着。有一个战士从背包里掏出一大块面包给她，她很高兴地吃了。当她刚到达受着战争威胁的巴黎时，听到了激动人心的好消息，敌人被阻挡在马恩河畔了。下车后，玛丽没有休息，立刻赶到"国家后援会"的总部，看看下一步她该做点什么。"国家后援会"会长阿佩尔是她的朋友，见了她，大声喊道："躺一会儿，居里夫人！躺下休息一会儿吧！"她照办了，但只休息了一会儿，她又跟阿佩尔讨论她未来的工作了。阿佩尔后来回忆说："她躺在那张沙发上，脸色惨白，眼睛张得很大，她简直是一团火。"

这不只是一个胜利

　　随着战争的发展，众多的"小居里"出现了，这是法国士兵送给"X射线汽车"的爱称。他们把玛丽看成是"X射线光汽车"之母。不久，"小居里"就奔赴各地为前线下来的伤员作检查。这些"小居里"都是玛丽不顾官僚主义者的漠视或暗藏的敌意，在实验室里一部一部装配起来的。一向胆怯的玛丽，为了这些"小居里"，突然变得苛求而且严厉，她去麻烦那些懒惰的官吏，向他们要护照，要口令，要通行证。她也毫不客气地向个人索借。有一些慷慨的妇女，例如加纳依侯爵夫人和穆拉公主，把她们的轿车给她或借给她。她拿到手后，立刻把它们改装成

"X射线汽车",并且以一种天真的语气并保证和他们约定:"等战争结束后,如果它们还能用,我一定奉还!"

一辆瑞诺牌大汽车留给自己用,她把车厢涂成灰色,上面有一个红十字作装饰,并且画上了一面法国国旗。一个"X射线汽车"大队长的野外冒险生活就这样开始了。

时常会打来一个电报或一个电话通知居里夫人,说有一个战地医院里住满了受伤的人,急需X射线设备。玛丽就立刻检查一下她车里的设备。趁驾驶员给汽车加油的工夫,她回家穿上她那件深色外衣,戴上又圆又软已经褪了色的小旅行帽,背上被太阳晒得龟裂了的蓝色皮包,然后登上汽车,坐在司机旁边的座位上,接着让汽车以它的能达到的最高速度开到激烈战斗的亚眠、伊普勒和凡尔登。

在行进途中,总得停下来几次,同怀疑他们的哨兵稍加解释。到医院后,玛丽选择好房间,让人把仪器设备搬进去。她迅速地把仪器设备组装好,司机开动发电机,玛丽调节电流。在开始检查伤员之前,她预备好透视荧光屏,收拾好另外一个准备冲洗照相底片的设备。

在玛丽到达医院半个小时之后,包括外科手术在内的一切工作都准备好了。这时,抬着伤员的担架开始排成长队,玛丽调节仪器设备,开始透视、拍片;外科医生察看在骨骼或脏器中的弹片。有时助手记下外科医生叙述的弹片位置以便作大手术。外科医生还经常在X射线下作手术。

几小时过去了，有时几天过去了。只要还有伤员，玛丽总是留在暗室里。在离开这个医院时，往往还制订一个在那里安装X射线设备的计划。离开之后，她千方百计寻到一套X射线设备和X射线技师，带着设备和人回来，建立起一个新的X射线透视室。就这样，玛丽亲自建立了200多个X射线检查站。这些X射线检查站，再加上安装的20多辆流动"X射线汽车"，总共抢救了100多万伤员。

有时候，她不得不亲自驾驶汽车，摇着沉重的手摇发动器。如果汽车行驶在布满弹片的道路上，轮胎往往被戳破。这时，她就要在严寒和潮湿的天气里，用被镭灼伤的纤细的手指来更换轮胎。有时，人们可以看见她带着科学家的风度皱起眉头，用科学的方法清除她不熟悉的汽化器上的油污。有时，当男人们都到前线去了的时候，她还要亲自搬运沉甸甸的箱子。

有一次，她发火了。汽车司机在汽车拐弯时开得太快，把汽车翻到沟里去了。玛丽被压在仪器箱子底下。玛丽气的倒不是自己被压在底下，使她恼怒的是她想到精密的仪器一定遭到损坏。然而，她在箱子底下忍不住大笑起来，因为她听到那个围着汽车团团转的年轻司机，焦急地在寻找她，并拼命地喊着：

"居里夫人，您在哪里？"

玛丽有时忘记吃早饭或午饭。她睡眠也很随便，有床睡床，没床就睡在露天地里。这个在青年时代过艰苦生活的女子，在战争中锻炼成为一位坚强的战士。

但是，玛丽从事的不只是士兵的工作，她还要抽空把旧实验室里的仪器包装起来，送到新建的皮埃尔·居里实验室去。在新实验室里，她又要把这些包装拆开来，逐渐地把这所新的科学之家装备起来。她到波尔多去把那1克镭取了回来，每周取出一点儿装在试管里，送到各医院去使用。

随着X射线使用范围的扩大，需要大批的射线工作者。于是，玛丽在新建的镭学研究院开始培养放射工作人员的训练班。玛丽亲自授课，亲自训练他们。他们中间有些人接受能力比较差，但玛丽始终以极大的耐心帮助他们，尽量鼓励他们，直到他们能胜任这种工作为止。训练期间，她得到了17岁的女儿绮瑞娜的协助。就这样，她在两年里，培养了150名放射科护士。

玛丽做了如此多的工作，还嫌自己做得不够，她还访问了比利时的许多医院。有时,担任护理的那些时髦女士们,把这位初次来到他们医院,穿着显得寒酸的妇女当做清洁工,轻蔑地看待她。对于这一点,玛丽毫不介意,使她欣慰的是,她能和一位极好的护士及一位沉默寡言的士兵一起在荷格斯塔德医院工作。这两个人就是比利时的国王阿尔伯特和王后伊丽莎白。玛丽本人一扫过去孤僻冷淡的态度,对待伤员极其热情、温和,尽力鼓励他们。她向文盲和胆小的农民士兵解释奇怪的X射线设备,说它像照相机一样不会伤害他们。如今她又感到十分快活了。

　　玛丽从来不谈自己,总不说自己累了,对落在自己周围的炮弹从来不知道害怕。她每天都在枪林弹雨中从事这一危险的工作,似乎是天经地义的事情。

　　但是,她渴望和平,希望尽早结束这场疯狂而又残酷的战争!对她来说,对所有在战争中活下来的人来说,1918年11月11日是一生当中最幸福的日子。这一天,她在实验室里惊讶地听到了宣布停战的消息。她和她的助手玛特·克兰马上冲出实验室,去买国旗,好让镭学研究院也披上节日的盛装。但在巴黎,她们一面旗帜也没买到,全让人们买光了。她们只好用3条彩色布料缝了一面法国国旗,挂在窗前。然后,玛丽和她的助手乘上那辆经过4年的战争，已经遍体鳞伤的瑞诺牌汽车，加入到街上狂欢的人群中去。人群挡住汽车，不能前进。有些人干脆把着汽车的挡泥板，上了车顶。

在玛丽看来，这不只是一个胜利，而是两个胜利，不仅法国解放了，而且波兰也从极端恐怖中，从一个半世纪的奴役中得到了解放。玛丽重新想起她受压迫的童年和她年轻时候的困苦。在华沙的一些简陋住房里秘密与流动大学里的同学聚会，教乡下农民和孩子读书……并没有白费心力。她的爱国梦在许多年前几乎牺牲了她的事业，甚至于牺牲了皮埃尔的爱。而今，这种梦想在她眼前变成了活生生的现实！当第一次世界大战结束，波兰摆脱了长达一个世纪之久的亡国地位，从苦难中挣扎出来，恢复其独立的地位，她欣喜若狂。1920年12月，玛丽在写给哥哥约瑟的信上高兴地说：

"现在我们这些'在奴役中出生的、在枷锁下长大的人们，已经看见我们的国家复活了，这是我们一向的梦想。但是我们不曾想能亲眼见到这个时候，我们当初认为也许连我们的子女也看不到这个时候，而这个时候居然到来了！我们的国家为了这种幸福，曾付出极大的代价……我和你一样，确信前途大有希望。"

她最需要的东西是什么

1920年的一天早晨,一位叫威廉·布朗·多隆内夫人的美国女记者来到玛丽的实验室,她早就渴望见见居里夫人。她问居里夫人:

"若是把世界上所有的东西任你选择,你最愿意要什么?"

"我需要有1克镭来继续我的研究工作。"玛丽爽快地回答。

当多隆内夫人知道居里夫人没有用自己的伟大发现而获得任何物质利益时,感到非常惊讶。她回国后,立即在美国发起了一个募捐运动。美国人民是非常崇敬居里夫人的，各行各业的妇女都捐了款。一年以后，居里夫人突然意外地接到麦隆内夫人的来信说："款已凑足，镭是你的了！"

崇拜者们邀请她去美国，想让她从总统手上接过这一礼物。1921年5月，相当讲究的远洋轮船"奥林匹克号"，把玛丽和她的女儿带到了美国海岸。

纽约人民穿着节日盛装，手持鲜花来欢迎她。所有工会都派出代表团前往迎接。乐队里鼓乐齐鸣，五彩缤纷的美国、法国和波兰国旗迎风飘扬。伟大的学者玛丽是属于全世界的。

美国的每一座城市都盼望能在自己城市里看到她，每一所大学都渴望能荣幸地授予她荣誉博士学位。

5月20日，美国总统在华盛顿向居里夫人赠送了礼物——1克镭，更确切地说，是这克镭的象征物。镭这个"客人"太珍贵，也太危险了，不便于亲自出席这样隆重的集会。它正待在工厂里，藏在一个镶铅的锦匣中。在华盛顿桌子上摆着的，只是它的象征物。

发表了热情洋溢的讲话之后，美国总统决定授予玛丽一把开锦匣的钥匙和一份赠送证书，证书上面系着三色绶带。

在举行仪式的前一天晚上，麦隆内夫人把赠与文件拿给玛丽请她审阅时，她很仔细地阅读完，然后恳切地说：

"这个文件还得改一改，美国赠给我的这1克镭，应该永远属于科学；在我们活着的时候，不必说，我将完全用它作科学研究；假如我死了，这1克镭就将成为私人财产，成为我女儿继承的遗产。这是绝对不行的。我愿意把它算作赠与我的实验室的礼物，我们能不能找一个律师来？"

"但是……好吧！既然您愿这样，我们可以在下星期办正式手续。"麦隆内夫人觉得有点为难，但，还是顺从了玛丽的意见。

"不要等下星期，不要等明天，就在今晚办完。这个赠与证书马上就要生效，而我也许会在几小时内死去的。"

当晚，根据玛丽的强烈要求，请来律师作证，对证书作了修改。

对这次美国之行，玛丽感触万千。那儿有精良的科学试验设备，有那么多采用镭进行医疗的医院，而1921年的汽车还没有一所专门治疗癌症的医院。波兰就更不用说了，那里甚至连镭学研究所也还没有。这不免引起玛丽一些不愉快回忆："如果当初和皮埃尔申请了专利权的话，那么用所得资金在法国和波兰该能建设起多少个实验室、研究所和治癌的医院呀！难道我们抛弃这笔财富是对的吗？"

从美国回来后，玛丽在自己的一篇日记中谈到这个问题，并且最终找出了答案。

"尽管如此，我仍然深信我们做的是对的。"她这样写道，"毫无疑问，人类需要讲究实际的人，这种人能从他们的工作取得最大的利益，在不忘记大众福利的同时，仍能维护自己的个人利益。然而，人类也需要幻想家，这种人醉心于发展一种大公无私的事业，因而无暇关心自己的物质利益。"

"毫无疑问，这些幻想家不配享有财富，因为他们不渴望发财。然而，一个组织保留好的社会，应该为这些工作者提供条件，以便使他们能够更好地工作。使他们摆脱物质困扰，能专心从事研究。"

玛丽自己就是这种"人类需要的"幻想家之一。她从切身经验中得知，这些幻想家——学者们，由于轻视物质利益，付出了多么高昂的代价。于是她尽一切努力，为这样的学者们创造一个使他们"摆脱物质忧虑，能专心从事研究"的生活条件。

玛丽是国际文化合作委员会最积极的委员之一，花大量的精力从事国际科学补助金的组织工作。

"难道委员会的宗旨不是首先帮助发展科学才智吗？"玛丽在一篇总结报告中发问，"我认为，使人成为学者的才智，是异常珍贵和罕见的财宝。听任它毁灭，是荒唐的犯罪行为。应该把所有的才智联合起来，加以精心保护，并且为他们提供各种发展条件。"

1922年，玛丽当选为法国医学科学院自由合作院士。她是第一位被选进这样有名望机构的妇女。在繁忙的社会工作中，她仍然挤出时间从事科研，并筹办了国际科学出版书目，使科研人员阅览了这个有关科学课题的书目后，便可以了解世界各地出版的科学书籍。

1923年庆祝镭发现25周年的时候，法国政府议会两院一致通过一项法案，决定每年向居里夫人提供4万法郎年金作为"国家酬劳"，并规定绮瑞娜和艾芙享有继承权。

玛丽把大部分钱都用于资助各种科学事业。她要为祖国的前途，贡献自己的力量。她有一个夙愿，就在祖国首都华沙建造一座镭学研究院，使它成为科学研究和治疗癌症的中心。但是有很多问题需要解决。

首先是要为筹建镭学研究院找到可靠的组织者。玛丽很忙，又远居法国，是难以承担这项工作的。于是，她去求助于年迈的姐姐布罗妮雅。姐姐非常热心地成全她的宏愿，不顾年老多病，一个人担任了工程师、经理、会计几个职务。

其次是筹集一笔为数颇大的资金。于是一项以居里夫人名义的社会募捐活动开始了。在全国各处张贴传单，倡议：

"为建筑玛丽·斯可罗多夫斯卡·居里研究院买一块砖吧！"

邮局发行了印有居里夫人头像的邮票，上面印有居里夫人亲笔题词：

"我最热烈的希望，在华沙创建一所镭学研究院。"

凭着她那崇高的社会威望，得到了国家和社会各界的热烈响应，波兰政府、华沙市政府、全波兰各个学会、社会知名人士都慷慨解囊相助。玛丽和姐姐布罗妮雅一起把他们有限存款的一大半也捐了出来。

既然筹建的是镭学研究院，就必须得有镭。在当时，1克镭价值上百万美元。这宝贵的镭从哪里来呢？人们还记得，在巴黎镭学研究院的那1克镭，是玛丽远渡重洋，从美国接受的募捐赠品。为了祖国，为了科学，她再次把救援的目光投向了美国。1929年，她不顾六旬多病之躯，第二次赴美国访问。在麦隆内夫人帮助下，得到了美国人民的大力支援，使她如愿以偿。

1932年5月29日，在玛丽和姐姐布罗妮雅以及波兰共和国总统的参加下，华沙镭学研究院正式举行落成典礼。玛丽在头一天来到华沙，她望着那座漂亮的大楼，那和谐的线条，按最新卫生要求设计安装的宽大玻璃窗，玛丽抑制不住内心的激动。心想，多年来欠祖国的债终于偿还了。青年时代的愿望——用自己的知识为祖国服务也实现了。从此，她的祖国便诞生了放射性科学的研究机构和癌症的治疗中心。在过去几个月里，这里已经收容病人，用居里治疗法给人们治病。玛丽怀着激动的心情亲自检查了实验室中的每一件仪器。

这是玛丽最后一次来华沙。好像她已预感到了这一点似的，在离开华沙的那天清早，玛丽独自一人来到维斯瓦河边散步。同一天，在给女儿艾芙的信中，她努力描绘了这条河异常迷人的风光，信的结尾这样写道：

"克拉科夫（波兰的第二大城市）有这样一首赞美维斯瓦河的歌，歌中唱道：'谁要是爱上了你，死也不会忘怀'。我觉得这话十分贴切，至少对我来说是如此。"

科学巨星陨落

在晚年，玛丽把绝大部分时间和精力用于教学和指导来自世界各地的青年科学家的实验工作上。她亲自挑选学生，每年都要安排一个波兰学生到她的实验室工作。她还建立了一系列的国际科学奖学金，为贫穷的学生提供深造的机会。每当学生中有谁获得了学位或赢得了奖章，玛丽都要举行小型茶会表示祝贺。许多优秀的科学家就是在她的辛勤培养下成长起来的。

我国著名科学家施士元在一篇回忆文章里说：

"记得这是1929年秋天一个早晨，在事先联系后，我经常去居里实验室拜见居里夫人。她正和她的女儿绮瑞娜在实验室里。我见到她慈祥的面容，和蔼可亲的态度，不禁肃然起敬。我法文讲得不好，谈话时夹着英文，她不时露出微笑。她虽然是个全世界卓越的科学家，两次诺贝尔奖金的获得者，镭的发现人，但她平易近人。对我这样一个只有21岁刚从大学毕业的外国学生，总是称我'先生'。她翻阅了我在清华大学的成绩单和介绍信，详细询问了我的学习情况，问我为什么想在她那里从事放射性的研究工作，还看了我的体格检查表，经过细致考查之后，她决定录取我作为她的研究生，并且安置在她自己的实验室里。她的实验室就在她的办公室隔壁。我在法国孑然一身，但在居里夫人实验室并不感到孤独。在居里夫人影响下，居里夫人研究所的所有研究人员，尤其是她的女儿绮瑞娜和绮瑞娜的丈夫约里奥，对我都非常关心。

"居里夫人从来不疾言厉色。那时候研究人员有20多人，来自10多个国家。这个研究所当时是世界上极少数的放射性研究中心之一。居里夫人和各国著名的科学家之间常有交往，来访的人络绎不绝。到巴黎的科学家都以能与她一见为快。

"她的社会地位很高，但从不骄傲自大，自以为是。对下属，如秘书、司机，她也没有主仆尊卑的偏见。人与人的关系完全平等相待，互相尊重。居里夫人这种真诚友好的态度，使实验里上下齐心，大家集中精力，做好各项工作，使科学研究课题顺利完成。"

玛丽是16岁开始工作的。她一个人干了几个人的工作，理应好好休息一下了。但是无论是姐姐的恳求，还是女儿们的温柔劝说，都不能使她哪怕是稍稍改变一下那种严格的生活方式。她一如既往，像20年前一样，凌晨就起来到实验室去，直到傍晚7点钟才从那里出来。深夜回家也是常有的事。要知道她已经是六十五六岁的人了。

由于长期紧张的工作和劳累，玛丽的身体逐渐衰弱，健康每况愈下，但她仍然支撑着去实验室工作。在实验室地工作以后，她还要外出讲学，并且还得挤时间写论文、著书。但病魔在偷偷地吞噬着玛丽那宝贵的生命。

玛丽时常谈到自己的死，她很镇定地评论着这件迟早要发生的事，并且考虑着将会带来哪些影响。她常常冷静地念叨着：

"我剩下的时间有限了，"或者是，"在我去世以后，镭学研究院的命运如何，使我不安。"

但是，她内心并不真正平静，她不甘心生命的完结。

30年前，皮埃尔因为预先感觉到死神的降临，他就怀着一种悲剧性的热诚埋头工作。现在轮到了玛丽，她也接受了这种隐而不显的挑战。为了防御她所害怕的袭击，她狂热地用计划和责任在自己周围建起一座堡垒。她轻视那一天比一天明显的疲乏，轻视折磨着她的几种慢性疾病。因为还有不少比这更重大的事情要她去做，刚刚在北部的阿各依建起了一个大批炼制放射性矿物的工厂，她要在那里组织测验、研究；她专心编纂她的书，倘若她去世，将没有人去完成它；关于锕类矿物的研究进行得还不够快，这项研究完成后，她还要研究X射线的精细构造……玛丽起得很早，忙着跑到实验室去，晚上很晚才回家。

在工作中，玛丽严格地要她的学生们作种种预防，用钳子拿盛着放射性物体的试管，不要碰没有遮护的试管，用铅盾抵挡射线侵害；而她自己却不注意这些。35年来，玛丽一直在直接接触镭，一直在呼吸着镭所释放出来的放射性气体，在4年的大战期间，她还直接接触过X射线。

1933年12月，玛丽短期患病，这次病给她造成很深影响。经X射线照相诊断，说她得了胆结石，玛丽想避免手术，才注意饮食调节，稍微留心自己的健康。

这年冬天，她带着疲倦，要试一试自己的体力，就到凡尔赛去滑冰，并且和绮瑞娜一起在东南部的萨扶阿滑雪，她很高兴自己还保持着轻捷灵活的肢体。到了复活节，她趁布罗妮雅到法国来的机会，安排和姐姐到法国南部去旅行。

玛丽原想作一次周游，让布罗妮雅尽情地享受一下法国的美丽风光。但是，刚走过几段路，到了她在加发来尔的别墅里，她就觉得特别疲劳，而且又患了感冒。在她们刚来的时候，那所房子是冰冷的，虽然忙着烧起火炉来，仍不能使它很快就暖和起来。玛丽冷得直打哆嗦，忽然失望地哭起来，她倒在布罗妮雅怀里，像有病的小孩子一样地哭着。她回到巴黎的时候，觉得身体好了一点。一位医生说她患流行性感冒，工作也过于劳累。玛丽没注意到自己一直在发低热。布罗妮雅要回波兰去了，玛丽总觉得心里不安。姐妹俩在火车站站台上，恋恋不舍地长时间拥抱着……

玛丽时病时愈。在她觉得比较强健的时候，就到实验室去；在觉得眩晕软弱的时候，就留在家里写书。

1935年5月中旬的一个晴朗的下午，玛丽在物理实验室里工作到三点半，极度疲乏地摸着仪器，对同事说：

"我在发热，我要回家去。"

从此她便卧床不起了。她的病，医生也诊不清楚，一会儿说是流行性感冒，一会儿又说是气管炎。后来她答应让人把她送到医院做全面检查。做了两次X射线照相，五六次分析，仍使参加会诊的专家们莫明其妙。看来，没有一个器官有病，看不出明显的病变。回家后，既不见好，也不见坏。

后来，艾芙劝她住疗养院，玛丽听从了小女儿的劝告，她认为是城市中的噪音和尘埃使她不能痊愈，希望呼吸比较清新的空气能治好她。并且拟定了计划——由艾芙陪她在疗养院住几个星期，再由玛丽的哥哥、姐姐从波兰来跟她做伴，然后绮瑞娜来接她回去。

但是，事与愿违，玛丽日渐衰弱，人们极端匆忙地作了各种准备。同时，尽量避免打扰她，只允许她接见密切的亲友。可是，玛丽总是违反商量好的协议，私下请她的合作者科泰罗夫人到她的卧室来，并对科泰罗夫人说：

"必须把镭精心地封闭起来，收藏好，等我回来。9月份我们就着手这项工作。我相信，你们会把一切都搞得井井有条的。"

她的病情突然恶化，医生们仍然主张立即动身去疗养院。然而，在去疗养院的火车上玛丽就支持不住了，倒在艾芙和护士的怀里昏过去。到了桑塞罗谋疗养院后，又用

X射线照了一些相，又检查了几次，也查不出病因。她一直在发高烧，体温超过40℃，这是瞒不住玛丽的，因为她总以学者的谨慎态度亲自看那个水银柱。她虽然是不说什么，但她的眼神里流露出绝望。这时，疗养院立刻由日内瓦请来了罗斯教授，他比较了最近几天检验血液的结果，看出血里的红白细胞数目都减得很快。他诊断为极严重的恶性贫血症，已经到了不可救药的地步。但是这一点对患者保密，丝毫没有向她透露。

7月3日早晨，玛丽最后一次用颤抖的手拿出体温计，她看见体温计上的度数降低了，这是人将死亡以前常有的现象。但是她快乐地微笑着。艾芙告诉她这是痊愈的象征，她现在一定快要康复了。她看着那敞开的窗户，含着动人的求生欲望，转向冉冉升起的一轮红日和层峦叠嶂的群山，说：

"治好我的，并不是药，而是清新的空气……"

临终的时候，她发出痛苦的叹息：

"我再不能说明我的意思了……我心神有点恍惚……"

她不曾说到任何活着人的名字。她没叫绮瑞娜，没叫艾芙，也没叫她的基耸。在她那超凡的头脑里，只浮动着对工作的种种挂念，她断断续续地说着：

"各章的分段，是应该都一样的……我一直在想着这个出版物……"

后来她只是又说了几句含混不清的话，医生来给她注射，她忽然对他发出一个表示疲倦又微弱的喊声：

"我不要这个，我希望人们别打搅我。"

1934年7月4日，死神终于无情地夺走了玛丽的生命，这颗伟大的心脏终于在法国阿尔卑斯山脉桑塞罗谋疗养院停止了跳动，享年67岁。

这颗光辉灿烂的科学巨星的陨落，是科学史上最大的损失。

在人们的中永远光芒四射

当时,尸体解剖认为,导致她死亡的罪魁祸首就是镭。

生前,玛丽曾嘱咐亲人,她死后决不要为她举行惊动社会的葬礼,她希望埋葬到巴黎郊区的梭镇,和她的丈夫皮埃尔永远在一起。

1934年7月6日下午,玛丽被葬在一个乡村墓地里。她的棺木放在皮埃尔的棺木上面,她姐姐布罗妮雅和哥哥约瑟向墓穴洒下一把他们从波兰带来的泥土。墓碑上又加了一行新字:

"玛丽·居里·斯可罗多夫斯卡,1867－1934年。"

碑上没有一个头衔，没有加一个形容词。质朴中蕴藏着伟大！爱因斯坦说得好：

"在一切可赞美的事物中，唯有居里夫人名声，是永不毁灭的。"

一年以后，玛丽去世前写成的一部著作《放射性》（两卷）出版，这是她留给年轻的物理学家宝贵的也是最后的启示。

玛丽除两度获得诺贝尔奖以外，还先后获得其他科学奖金8次，奖章和勋章16枚。纽约市将她的姓名与巴斯德（1822－1895，法国生物学家和化学家）并列刻于市政厅的建筑上。有20多个国家的100多个科学研究机构、学术团体和著名大学授予荣誉称号，其中包括巴黎医学科学院自由合作院士，纽约医学科学院、前苏联科学院、墨西哥科学院的名誉院士，巴西科学院通讯院士等。华沙大学聘请她为名誉教授。就在1921年她访问美国期间，有几个大学授予她名誉理学（法学）博士学位，美国镭学会、放射学学会等推举她为名誉会员。法国发明家及学者学会选举她为名誉会长。所有这些荣誉都是对她毕生劳动的最高评价。

玛丽亲自培养的第二代，也取得了辉煌的成就。在她逝世后的第二年,她的长女绮瑞娜与其丈夫弗里德里克·约里奥—居里,由于发现了人工放射性也荣获了诺贝尔化学奖。迄今为止,世界上还没有另外哪一家能像居里夫人一家那样赢得如此高的荣誉。

玛丽逝世60年后,1995年初,她和皮埃尔的遗骨被迁往巴黎的先贤祠,这里葬着最杰出的法国人。玛丽成为第一位以科学功业获取这种殊荣的女性。

在优雅的小提琴乐声中,居里夫妇朴实无华的橡木棺柩由一批年轻的科学家扛着,沿着白色地毯,步上法国最尊贵的安息墓园的台阶。皮埃尔和玛丽是葬入先贤祠的第70和71位法国伟人。

居里夫妇的棺柩正左安葬先贤祠的第8号墓穴,与他们长眠在一起的有著名作家雨果和左拉,法国革命家米拉波,哲学家伏尔泰,以及非洲法属殖民地第一位黑人总督艾堡等。

法国总统密特朗向居里夫人仍在世的91岁女儿艾芙表示慰问,并向大约1000名来宾,发表感人的演说:"我希望男女平等权利会在全球各地继续进步,因为我发现在一个文明社会,仍保持过去30世纪给予男性的偏袒是不合乎尊严的。"

参加这个仪式的还有当时的法国总理巴拉迪尔、原巴黎市长希拉克，以及波兰总统瓦文萨。

有关专家借此机会，对玛丽骸骨上的放射性强度进行了测试。结果表明：X射线的辐射是玛丽的病因和死因，而不是像过去所认为的那样，是由她所发现和研究的放射性镭。因为第一次世界大战时，玛丽长期在X射线机边工作过，当时人们还不知道X射线辐射的危险性，没有采取任何防范措施。

在人们的中，玛丽的形象是光芒四射的。但是，伟大与质朴，崇高与平凡，成就与艰苦，常常是联系在一起的。玛丽在科学上是巨人；在生活上，又是一个极其平凡的普通人。玛丽一生中在科学上作出了卓越的贡献。她虽然早离人世，但她发现的镭将永远放射出夺目的光辉。她苦学钻研，热爱科学的精神和生活俭朴、不谋私利的高尚品德为人类谱写了一曲永恒的生命赞歌，也为妇女从事科学研究树立了光辉的典范。她从未想过必须在家庭生活和科学事业之间作出选择，然而，她却处理得极其圆满。她既是一个模范的家庭主妇，又是一个伟大的母亲，更是一位毕生献身于人类进步事业的最杰出的女科学家。

世界五千年科技故事丛书

01. 科学精神光照千秋：古希腊科学家的故事
02. 中国领先世界的科技成就
03. 两刃利剑：原子能研究的故事
04. 蓝天、碧水、绿地：地球环保的故事
05. 遨游太空：人类探索太空的故事
06. 现代理论物理大师：尼尔斯·玻尔的故事
07. 中国数学史上最光辉的篇章：李冶、秦九韶、杨辉、朱世杰的故事
08. 中国近代民族化学工业的拓荒者：侯德榜的故事
09. 中国的狄德罗：宋应星的故事
10. 真理在烈火中闪光：布鲁诺的故事
11. 圆周率计算接力赛：祖冲之的故事
12. 宇宙的中心在哪里：托勒密与哥白尼的故事
13. 陨落的科学巨星：钱三强的故事
14. 魂系中华赤子心：钱学森的故事
15. 硝烟弥漫的诗情：诺贝尔的故事
16. 现代科学的最高奖赏：诺贝尔奖的故事
17. 席卷全球的世纪波：计算机研究发展的故事
18. 科学的迷雾：外星人与飞碟的故事
19. 中国桥魂：茅以升的故事
20. 中国铁路之父：詹天佑的故事
21. 智慧之光：中国古代四大发明的故事
22. 近代地学及奠基人：莱伊尔的故事
23. 中国近代地质学的奠基人：翁文灏和丁文江的故事
24. 地质之光：李四光的故事
25. 环球航行第一人：麦哲伦的故事
26. 洲际航行第一人：郑和的故事
27. 魂系祖国好河山：徐霞客的故事
28. 鼠疫斗士：伍连德的故事
29. 大胆革新的元代医学家：朱丹溪的故事
30. 博采众长自成一家：叶天士的故事
31. 中国博物学的无冕之王：李时珍的故事
32. 华夏神医：扁鹊的故事
33. 中华医圣：张仲景的故事
34. 圣手能医：华佗的故事
35. 原子弹之父：罗伯特·奥本海默
36. 奔向极地：南北极考察的故事
37. 分子构造的世界：高分子发现的故事
38. 点燃化学革命之火：氧气发现的故事
39. 窥视宇宙万物的奥秘：望远镜、显微镜的故事
40. 征程万里百折不挠：玄奘的故事
41. 彗星揭秘第一人：哈雷的故事
42. 海陆空的飞跃：火车、轮船、汽车、飞机发明的故事
43. 过渡时代的奇人：徐寿的故事

世界五千年科技故事丛书

44. 果蝇身上的奥秘 ：摩尔根的故事
45. 诺贝尔奖坛上的华裔科学家 ：杨振宁与李政道的故事
46. 氢弹之父—贝采里乌斯
47. 生命，如夏花之绚烂 ：奥斯特瓦尔德的故事
48. 铃声与狗的进食实验 ：巴甫洛夫的故事
49. 镭的母亲 ：居里夫人的故事
50. 科学史上的惨痛教训 ：瓦维洛夫的故事
51. 门铃又响了 ：无线电发明的故事
52. 现代中国科学事业的拓荒者 ：卢嘉锡的故事
53. 天涯海角一点通 ：电报和电话发明的故事
54. 独领风骚数十年 ：李比希的故事
55. 东西方文化的产儿 ：汤川秀树的故事
56. 大自然的改造者 ：米秋林的故事
57. 东方魔稻 ：袁隆平的故事
58. 中国近代气象学的奠基人 ：竺可桢的故事
59. 在沙漠上结出的果实 ：法布尔的故事
60. 宰相科学家 ：徐光启的故事
61. 疫影擒魔 ：科赫的故事
62. 遗传学之父 ：孟德尔的故事
63. 一贫如洗的科学家 ：拉马克的故事
64. 血液循环的发现者 ：哈维的故事
65. 揭开传染病神秘面纱的人 ：巴斯德的故事
66. 制服怒水泽千秋 ：李冰的故事
67. 星云学说的主人 ：康德和拉普拉斯的故事
68. 星辉月映探苍穹 ：第谷和开普勒的故事
69. 实验科学的奠基人 ：伽利略的故事
70. 世界发明之王 ：爱迪生的故事
71. 生物学革命大师 ：达尔文的故事
72. 禹迹茫茫 ：中国历代治水的故事
73. 数学发展的世纪之桥 ：希尔伯特的故事
74. 他架起代数与几何的桥梁 ：笛卡尔的故事
75. 梦溪园中的科学老人 ：沈括的故事
76. 窥天地之奥 ：张衡的故事
77. 控制论之父 ：诺伯特·维纳的故事
78. 开风气之先的科学大师 ：莱布尼茨的故事
79. 近代科学的奠基人 ：罗伯特·波义尔的故事
80. 走进化学的迷宫 ：门捷列夫的故事
81. 学究天人 ：郭守敬的故事
82. 攫雷电于九天 ：富兰克林的故事
83. 华罗庚的故事
84. 独得六项世界第一的科学家 ：苏颂的故事
85. 传播中国古代科学文明的使者 ：李约瑟的故事
86. 阿波罗计划 ：人类探索月球的故事
87. 一位身披袈裟的科学家 ：僧一行的故事